L'allemand POUR LES NULS

**Paulina Christensen
Anne Fox
Claude Raimond**

L'allemand pour les Nuls
Titre de l'édition américaine : German Phrases for Dummies

Publié par
Wiley Publishing, Inc.
111 River Street
Hoboken, NJ 07030 – 5774
USA

Copyright © 2004 Wiley Publishing, Inc.

Pour les Nuls est une marque déposée de Wiley Publishing, Inc.
For Dummies est une marque déposée de Wiley Publishing, Inc.

© Éditions First-Gründ, 2007 pour l'édition française. Publiée en accord avec Wiley Publishing, Inc.

Tous droits réservés. Toute reproduction, même partielle, du contenu, de la couverture ou des icônes, par quelque procédé que ce soit (électronique, photocopie, bande magnétique ou autre) est interdite sans autorisation par écrit des Éditions First-Gründ.

Le Code de la propriété intellectuelle interdit les copies ou reproductions destinées à une utilisation collective. Toute représentation ou reproduction intégrale ou partielle faite par quelque procédé que ce soit, sans le consentement de l'Auteur ou de ses ayants cause est illicite et constitue une contrefaçon sanctionnée par les articles L335-2 et suivants du Code de la propriété intellectuelle.

ISBN 978-2-7540-0324-7
Dépôt légal : 1er trimestre 2007

Traduction : Claude Raimond
Production : Emmanuelle Clément
Mise en page : KN Conception
Imprimé en France par Hérissey/Qualibris à Évreux (Eure)

Éditions First-Gründ
60, rue Mazarine
75006 Paris – France
e-mail : firstinfo@efirst.com
Site internet : www.editionsfirst.fr

Sommaire

Introduction 1
- à propos de ce livre 2
- Conventions utilisées dans le livre 3
- Pour qui, et pour quoi faire 4
- Les icônes utilisées 6
- Et maintenant… 7

Chapitre 1 : Vous savez déjà un peu d'allemand 9
- Des mots d'allemand authentiques 9
- L'allemand que vous reconnaîtrez 12
  - Mots frères 12
  - Mots cousins 14
  - Des mots en ie, ik, iker, isch faciles à reconnaître 19
  - Faux amis 21
  - Prêteurs et emprunteurs 22
- Expressions courantes 23
- Règles de base de la prononciation 24
  - Orthographe et prononciation 25
  - L'accent tonique en allemand 25
  - La durée des sons de voyelle en allemand .. 26
  - Prononciation de l'umlaut 28
  - Prononciation des diphtongues 28
  - Prononciation des consonnes 29
  - Une nouvelle lettre : ß 31
  - Prononciation des combinaisons de consonnes 32
  - Prononciation dans le livre : indications complémentaires 34

Chapitre 2 : Les bases de la grammaire allemande .. 35
- Types de mot 36
  - Noms 36
  - Adjectifs 37
  - Verbes 39
  - Adverbes 41

Construction d'une phrase simple..................................42
    Placer les mots dans le bon ordre 42
    Mettre le verbe en deuxième position...................42
    Repousser le verbe à la fin....................................44
    Poser des questions..44
Les temps : passé, présent et futur 45
    Le temps présent..46
    Parler du passé : utilisation du temps dit
    « Perfekt »..47
    Le temps Imperfekt 49
    Le futur..50
Mettre les mots au cas approprié....................................51
    Le nominatif..51
    L'accusatif..52
    Le datif...52
    Le génitif..52
    L'importance des cas de la déclinaison
    en allemand...52

Chapitre 3 : Tout est affaire de chiffres 61

Les nombres..61
Dire l'heure..63
    Demander l'heure...63
    L'heure à la manière ancienne : de 1 à 12 64
    De 0 à 24 heures 65
    Les moments de la journée......................................66
    Les jours de la semaine..66
Le calendrier et les dates...68
    Les unités du calendrier...68
    Les noms des mois..69
    Situer un événement dans un mois donné 70
    Indication d'une partie du mois..............................70
    Dates seules 71
    Date du jour..72
    Date d'un événement...72
    Indication de l'année seule 73
Changer de l'argent..74
Automates bancaires...77
L'impératif...78

Chapitre 4 : Se saluer et faire connaissance : petites conversations 79

Salutations formelles ou informelles 80
Salutations courantes 81
   Dire « Comment allez-vous ? » 81
   Répondre à « Comment allez-vous ? » 83
Se présenter ou présenter ses amis 84
   Présenter ses amis 85
   Présentation dans des occasions très spéciales 85
   Se présenter soi-même 87
Les villes, les pays et les nationalités 87
   Dire aux gens d'où vous êtes 87
   Sein : le verbe être 88
   Demander aux gens d'où ils viennent 89
   Kommen : venir 89
   Les nationalités 90
   Quelles langues parlez-vous ? 91
Dire au revoir 92
Parler de soi 95
   Décrire son travail 95
   Donner à quelqu'un son adresse et son numéro de téléphone 97
   Les noms et leurs articles 99
   Pronoms possessifs 101
Discussions sur la famille 103
Parler du temps qu'il fait 105
   Quel temps fait-il là-bas ? 105
   La température 106
   Donner son avis sur le temps qu'il fait 107

Chapitre 5 : Dîner au restaurant 109

Est-ce déjà l'heure de manger ? 110
Tout sur les repas 111
Mettre la table 111
Aller au restaurant 112
   Différentes sortes de restaurants 112
   Réserver une table 114
   Arriver et prendre place 116
   Décryptage du menu 116
   Commander 121
   Utilisation du subjonctif 121

   Des formes atténuées de « pouvoir » et
   « vouloir »..122
   Commander quelque chose de spécial 123
   Répondre à la question finale 124
   L'addition...124
  Les courses pour manger..126
   Ce que vous pouvez acheter..................................127
   Poids et mesures 129

Chapitre 6 : Faire des achats 131

  Où faire des achats en ville..131
  Les heures d'ouverture 132
  Dans un grand magasin 132
  Demander poliment 134
   Dire s'il vous plaît..134
   Dire excusez-moi..134
  Regarder seulement 135
  Obtenir de l'assistance...136
  Achat de vêtements 138
   Les couleurs..139
   Les tailles 140
   L'essayage...140
  Payer la facture..142
  Les comparaisons...143

Chapitre 7 : Sortir et se détendre 145

  Qu'aimeriez-vous faire ? 146
  Aller au cinéma...146
   Trouver le bon film...147
   Acheter les billets...148
  Le passé du verbe sein...150
  Visite d'un musée 151
  Parler des actions au passé 152
   Formation du participe passé................................154
   Utilisation de haben au Perfekt 162
   Utilisation de sein au Perfekt 163
  Sortir en ville..166
  Vos impressions. Parler des spectacles 169
   On vous demande votre opinion...........................169
   Vous donnez votre avis..169
  Aller à une soirée 170
   Recevoir une invitation..171

Parler d'une soirée 172
Conversations sur les loisirs et les passe-temps 173
    Les collectionneurs 173
    Parler de votre hobby 174
Les verbes réfléchis en allemand 174
    Quelques verbes réfléchis courants 176
Les sports 179
    Sports utilisant le verbe spielen 179
    Sports utilisant un verbe spécifique 179
    Inviter quelqu'un à pratiquer un sport avec soi ..180
Le plein air 181
    Se mettre en route 182
    Les choses que l'on voit sur son chemin 182
    Aller en montagne 185
    Partir à la campagne 186
    Partir à la mer 187

Chapitre 8 : Se déplacer : avion, train, taxi et autres 189

L'aéroport 189
    Récupération du billet 190
    Enregistrement 190
    Formalités d'immigration 193
    La douane 194
Voyager en voiture 195
    Location de voiture 195
    Les cartes et les panneaux indicateurs 197
Les trains 198
    Les horaires 199
    Les informations 199
    Achat des billets 200
Les particules séparables 203
Circuler en ville 204
    Trouver le bus ou le tramway approprié 204
    Prendre un taxi 206

Chapitre 9 : À l'hôtel 207

Trouver un hôtel 207
Réserver des chambres 208
    Dates et durée du séjour 209
    Le type de chambre que vous désirez 210
    Le prix 211
    Clore la réservation 211

L'arrivée à l'hôtel : nom, adresse, numéro de chambre 213
    Durée du séjour 213
    Formulaire d'enregistrement 214
    La clé et le numéro de chambre 215
    Le confort et les divers services 216
Formalités de départ et règlement 219
    Demander la note 220
    Les suppléments divers 220
    Le départ 220

Chapitre 10 : En cas d'urgence 223

Les accidents et les urgences 223
    Appeler au secours 223
    Signaler un problème 224
    Demander de l'aide dans une autre langue 224
Le médecin ou l'hôpital 225
    Décrire ce qui ne va pas 226
    Décrire une situation médicale particulière 227
    L'examen par le médecin 228
    Différentes parties du corps 229
    Le diagnostic 230
    Le traitement 231
Parler avec la police 232
    Décrire ce qui a été volé 233
    Répondre aux questions de la police 234
    La protection de vos droits 235

Index alphabétique 237

Introduction

À mesure que l'Union européenne grandit et se renforce, la connaissance d'autres langues que le français – et l'anglais – devient de plus en plus nécessaire. L'allemand est de loin la langue maternelle la plus répandue en Europe. L'économie française a plus de clients et de fournisseurs dans les pays germanophones que nulle part ailleurs. Les liens entre l'Allemagne et la France n'ont jamais été aussi étroits et fructueux, non seulement sur les plans économique et politique, mais aussi dans tous les autres domaines.

Paradoxalement, la proportion des Français qui connaissent l'allemand en entrant dans la vie active n'a cessé de diminuer au cours des dernières décennies. Par suite, un nombre croissant d'adultes veulent aborder aujourd'hui – mieux vaut tard que jamais – l'apprentissage de cette langue réputée difficile. Ils souhaitent aller droit au but, être au plus vite en mesure de prononcer des phrases facilitant leurs visites dans les pays germanophones ou l'établissement de relations durables et productives avec des partenaires de langue allemande.

Ils ne désirent pas tout savoir sur la langue, en découvrir la profondeur ni toutes les finesses mais, dans un premier temps, assimiler ce qui présente un intérêt pratique immédiat : les dialogues pour acheter ou vendre, les conversations à table, en voyage, au bureau, à l'usine, dans un bureau d'étude ou une exposition, en ville, à la mer ou à la montagne.

Ils savent que, pour y parvenir, ils ont besoin d'être guidés pas à pas, de comprendre parfaitement l'essentiel et d'être stimulés dans leur progression par un style alerte, humoristique et, avant tout, clair.

Les habitués des livres… *pour les Nuls* peuvent reconnaître dans un tel énoncé les points fort de cette collection. Ils ne seront pas déçus.

À propos de ce livre

Vous pouvez utiliser *L'allemand pour les Nuls* à votre guise, à votre rythme. Ne l'ouvrez surtout pas quand vous pensez qu'il le faut parce que vous voulez ou devez apprendre l'allemand, comme on prend un remède ou comme on s'acquitte d'une corvée. Choisissez une approche en harmonie avec vos goûts, vos principes, votre personnalité : tout lire à la suite de la première à la dernière page ; commencer par la fin, c'est à dire par l'index, et y repérer ce qui pique votre curiosité ou correspond à des lacunes que vous désirez combler ; ouvrir les pages au hasard et lire ce qui vous semble *a priori* intéressant. Dans ce dernier cas, vous ne risquerez pas de décrocher : toutes les parties du livres sont solidement reliées les unes aux autres par des renvois pertinents, à la manière d'alpinistes en cordée, avides de réussite mais soucieux de leur sécurité.

Lisez quand même l'introduction jusqu'au bout. Elle dit à qui le livre s'adresse. Elle annonce les objectifs visés par le livre et ceux qu'il laisse volontairement de côté, en expliquant pourquoi. Elle évoque et justifie les approches retenues pour atteindre le but poursuivi. Elle donne un aperçu du contenu du livre et décrit les conventions qu'il utilise.

Naturellement, si vous n'avez jamais commencé à apprendre l'allemand et si vous regardez d'abord les chapitres de la première partie, vous éprouverez moins souvent le besoin de revenir en arrière : ils précisent comment prononcer les mots, et contiennent des repères utiles à la construction et à la compréhension d'une phrase allemande.

Conventions utilisées dans le livre

Nous avons établi quelques conventions pour faciliter votre navigation à travers le livre :

- Les termes allemands sont en **caractères gras** pour les faire ressortir.
- La prononciation en *italiques* suit les termes en allemand.
- La conjugaison des verbes figure dans les tableaux dans l'ordre suivant : la première personne du singulier, le tutoiement au singulier, le vouvoiement au singulier, la troisième personne du singulier « il/elle/cela », la première personne du pluriel, le tutoiement au pluriel, le vouvoiement au pluriel, la troisième personne du pluriel « ils/elles ». Voici à titre d'exemple la conjugaison au présent du verbe **werden** (*vèr-den*) (devenir), qui est aussi le verbe auxiliaire du futur :

Conjugaison	Prononciation	Fonction
ich werde	*ich vèèr-de*	1ère personne, un acteur
du wirst	*dou virst*	tutoiement, un acteur
Sie werden	*zii vèèr-den*	vouvoiement, un acteur
er, sie, es wird	*èèr/zii/ès virt*	3e personne, un acteur
wir werden	*vir vèèr-den*	1ère personne, plusieurs acteurs
ihr werdet	*iir vèèr-det*	tutoiement, plusieurs acteurs
Sie werden	*zii vèèr-den*	vouvoiement, plusieurs acteurs
sie werden	*zii vèèr-den*	3e personne, plusieurs acteurs

Ce tableau comporte huit lignes, alors que le tableau homologue du français n'en comporterait que six : comme tous les tableaux de conjugaison du livre, il fait ressortir trois différences par rapport au français. La première différence est que l'allemand se sert, pour exprimer le respect ou la politesse, de la troisième personne du pluriel au lieu de la deuxième personne du pluriel : il vouvoie autrement. La deuxième différence est que la deuxième personne du pluriel, ne servant pas pour exprimer la politesse, exprime exclusivement la familiarité ou l'intimité avec autrui, au pluriel. La troisième différence est que le pronom **Sie** (*zii*) (vous) exprimant la politesse comporte toujours une majuscule, ce qui établit une distinction à l'écrit par rapport au pluriel de la troisième personne. (Le français ne distingue pas le vous de politesse du vous représentant le pluriel du tutoiement.)

La description de cette convention de présentation des conjugaisons vous offre un échantillon de que vous trouverez un peu partout dans ce livre : des explications sur ce qui oppose la grammaire allemande et la grammaire française. Seuls les aspects de la grammaire allemande les plus fondamentaux et les plus usités sont présentés et illustrés dans le livre, mais ils le sont d'une manière qui vous aide à les comprendre et à vous en servir.

> ✔ **Mots clés :** l'un des objectifs du livre est de vous doter d'un vocabulaire suffisamment dense pour vous permettre de vous exprimer dans le cadre d'une conversation assez simple – et de comprendre au moins l'essentiel de ce qui vous est dit. À cette fin le livre rassemble les mots importants d'un chapitre (ou d'une section dans un chapitre) sur un tableau noir, sous le titre « Mots clés ». Ces tableaux vous incitent à mémoriser ensemble les mots se rapportant à un même thème. Ils vous viendront ainsi plus facilement à l'esprit lors d'une discussion sur un sujet analogue.

Pour qui, et pour quoi faire

La version française de cet ouvrage a été préparée en pensant aux besoins et aux aspirations du groupe le plus nombreux de lecteurs potentiels : les personnes connaissant à peine ou pas du tout la langue allemande. Certains s'en accommodent ; d'autres le déplorent, mais pensent que tout remède efficace exigerait un investissement lourd en efforts et en temps.

Voici les hypothèses sur lesquelles repose *L'allemand pour les Nuls* :

- ✔ Comme la grande majorité des Français en activité, vous n'avez pas appris l'allemand au cours de vos études. Vous vous demandez si les raisons qui vous ont détourné de cette langue s'appliquent aujourd'hui à votre cas. Voici un élément de réponse : des analyses sérieuses ont mis sens dessus dessous le motif le plus fréquemment invoqué (langue difficile, réservée aux meilleurs). On sait aujourd'hui que les germanistes sont meilleurs dans d'autres matières comme les mathématiques ou l'anglais parce qu'ils font de l'allemand, et non pas qu'ils réussissent mieux dans différentes matières parce qu'ils sont intrinsèquement meilleurs.

- ✔ Vous savez que l'allemand est une langue riche et puissante, qu'elle exprime la pensée de grands savants, philosophes, écrivains et poètes européens, et qu'elle mériterait d'être étudiée à ces différents titres. Mais vous n'en avez pas le temps, ce n'est pas votre préoccupation du moment. Vos motivations sont essentiellement d'ordre pratique, vous recherchez avant tout l'efficacité.

- ✔ Vous savez que l'allemand est une langue très grammaticale, qu'elle met en jeu des structures et des règles relativement complexes, que vous ressentez comme autant d'obstacles dressés autour d'une forteresse. Et vous posez la question : N'y aurait-il pas un passage ?

- ✔ Vous savez qu'aucun livre ne peut à lui seul vous apporter la maîtrise d'une langue. Vous voudriez cependant assimiler suffisamment de mots, d'expressions et de modèles de construction de phrases pour communiquer et comprendre des informations relativement simples en allemand.

- ✔ Vous avez ou voulez avoir des contacts avec des germanophones, et vous savez qu'une langue est indissociable de la culture qui l'utilise. Vous attendez de ce livre des informations contribuant à une meilleure connaissance des pays de langue allemande, des mentalités et des habitudes de ceux qui y vivent.
- ✔ Vous avez de bonnes raisons pour apprendre ou rapprendre l'allemand mais, même très fortes, elles ne suffiront pas à entretenir votre motivation. Vous craignez qu'elle ne soit un feu de paille. Comme tout bon livre, celui-ci se doit de vous tenir en haleine, vous surprendre, vous distraire.

Les icônes utilisées

Vous pouvez aussi vouloir retrouver certaines catégories d'information en parcourant directement le livre. Les icônes suivantes, dans la marge de gauche, faciliteront vos recherches :

Cette icône signale des conseils facilitant l'apprentissage de l'allemand.

Cette icône vous aide à éviter des erreurs susceptibles de vous mettre dans l'embarras, portant sur le vocabulaire, la grammaire, ou un point d'ordre culturel.

Cette icône attire l'attention sur des questions grammaticales mentionnées au passage dans des sections portant sur d'autres sujets que la grammaire.

Si vous voulez des informations et des conseils sur la culture et les voyages, recherchez cette icône. Elle vous signale des particularités des pays où l'on parle allemand.

Et maintenant...

Les lignes qui précèdent vous ont fait entrevoir un chemin pour pénétrer au cœur de la forteresse. Il peut vous y conduire. Toutefois, la clé de voûte de cette introduction – le secret de votre réussite – a été gardé pour la fin.

Pour apprendre une langue vite et bien, il faut l'aimer. L'aimer comme on aime une personne, souvent pour des raisons que la raison ne connaît pas. Voici cependant une excellente raison : la langue allemande est belle. Elle vous attend dans ce livre. Mais elle est fière, et un peu farouche. Vous devrez faire les premiers pas.

Chapitre 1

Vous savez déjà un peu d'allemand

Dans ce chapitre
- Des mots allemands connus, ou faciles à comprendre
- Des faux amis
- Expressions très courantes
- Bases de la prononciation

On ne commence pas à apprendre une autre langue par l'étude de sa grammaire, mais par l'absorption d'un peu de vocabulaire, fait de mots faciles à apprendre ou très courants. Cette démarche se justifie particulièrement dans le cas d'un français apprenant la langue allemande, dont la grammaire est complexe. En revanche, son vocabulaire comporte certains traits particuliers qui en facilitent l'assimilation par un francophone.

Ce chapitre vous montre quelques mots allemands que vous connaissez déjà, d'autres dont la consonance française vous permet en général d'en deviner le sens, quelques tournures allemandes très courantes, et il vous explique la manière de prononcer l'allemand.

Des mots d'allemand authentiques

Les mots allemands – vraiment allemands – intégrés dans la langue française et encore identifiables comme tels sont rarissimes. Ceux qui sont présentés ici appartiennent à trois domaines dans lesquels la France et l'Allemagne ont eu dans le passé des contacts de grande ampleur et d'un grand retentissement – la guerre, la musique, la philosophie : **das Blockhaus** (*das blok-h'aôs*) (le blockhaus), **der Ersatz** (*dèèr erzats*) (l'ersatz), **das Leitmotiv** (*das laït-mô-tif*) (le leitmotiv), **die Weltanschauung** (*dii vèlt-an-shaô-oung*) (la weltanschauung).

Regardez bien ces quatre mots. Ils sont pleins d'enseignements sur la langue allemande. Ce sont des mots composés. Les trois premiers comportent chacun deux éléments, le dernier peut être dissocié en quatre parties.

- **Blockhaus** est la réunion de deux substantifs : **der Block** (*dèèr blok*) (le bloc) et **das Haus** (*das h'aôs*) (la maison). Il veut dire « maison en forme de bloc ».

- **Ersatz** réunit **er**, un préfixe (une « particule » dite « inséparable ») par lequel commencent d'innombrables mots allemands, et le substantif **der Satz** (*dèèr zats*) (le set [tennis], le marc [de café], le dépôt, la phrase [grammaire]…). **er** correspond un peu au préfixe français « re » que l'on trouve dans remplacer, remémorer, restaurer… **Satz** est lié au radical du verbe **setzen** (*zèt-sen*) (mettre). **Ersatz**, c'est ce qu'on « met » à la place (faute de disposer de l'authentique).

- **Leitmotiv** réunit la racine du verbe **leiten** (*laï-ten*) (conduire) au nom **das Motiv** (*das mô-tif*) (le motif), et veut dire motif conducteur.

- **Weltanschauung** se compose du nom **die Welt** (*dii vèlt*) (le monde), de la particule séparable **an-**, du radical du verbe **schauen** (*shaô-en*) (regarder) et de la terminaison **-ung** que l'on retrouve à la fin de nombreux substantifs ; **an** apporte l'idée de contact, de durée, **anschauen** celle d'un examen attentif, et le mot tout entier veut dire « façon d'envisager le monde ».

La terminaison **-ung** vous rappelle peut-être la terminaison anglais -ing qui sert elle aussi à produire des substantifs, dont un bon nombre émaillent la langue française (jogging, lifting…). Ajoutée à la racine d'un verbe, la désinence **-ung** donne un nom. Elle n'est pas utilisée pour produire le participe présent. Ce livre n'a pas l'ambition de vous apprendre ce temps, mais voici tout de même la désinence utilisée : **-end**, et un exemple : **die Überlebenden des Tsunamis...** (*dii uu-ber-_léé_-ben-den dès tsou-_naa_-mis*) (Les survivants du tsunami…).

En comprenant ce qui précède, vous avez fait un tour presque complet des mécanismes de formation et de dérivation des mots allemands, et découvert un contraste inattendu entre le vocabulaire allemand et le vocabulaire français : le premier est transparent, le second est opaque (sauf si vous avez appris le latin et le grec !). Cette transparence a des conséquences bénéfiques : plus vous connaîtrez de mots, plus vous pourrez comprendre d'autres mots sans explication ni dictionnaire. Le vocabulaire allemand est un peu comme du Meccano. Un peu seulement, parce que vous ne pouvez pas laisser libre cours à votre imagination et inventer les mots que vous ne connaissez pas encore. Mais les quatre mots qui précèdent peuvent vous aider à comprendre d'autres mots qui vous seront utiles :

- **Blockhaus** vous aide à comprendre **blockieren** (*blo-_kii_-ren*) (bloquer), **die Blockade** (*dii blo-_kaa_-de*) (le blocus), **die Hausnummer** (*dii _h'aôs_-nou-mer*) (le numéro de la rue dans une adresse), **die Hausfrau** (*dii _h'aôs_-fraô*) (la ménagère), **der Haushalt** (*dèèr _h'aôs_-halt*) (la tenue du ménage/le budget), **der Hausartz** (*dèèr _h'aôs_-artst*) (le médecin de famille).

- **Leitmotiv** vous aide à comprendre **leiten** (*_laï_-ten*) (conduire), **der Leitfaden** (*dèèr _laït_-faa-den*) (le fil conducteur), **ableiten** (*_ap_-laï-ten*) (dériver), **der Blitzableiter** (*dèèr _blits_-ap-laï-ter*)

> (le paratonnerre), **die Leitung** (*dii laï-toung*) (la conduite [d'une entreprise] [de gaz] [d'eau]/le câble [électrique]), **die Einleitung** (*dii aïn-laï-toung*) (l'introduction), **motivieren** (*môô-ti-vii-ren*) (motiver).
>
> - **Ersatz** vous aide (un peu) à comprendre **erwerben** (*èr-vèr-ben*) (acquérir), **erscheinen** (*èr-shaï-nen*) (apparaître), **setzen** (*zèt-sen*) (mettre, placer), **ersetzen** (*er-zèt-sen*) (remplacer), **setzen Sie sich** (*zèt-sen zii zich*) (asseyez-vous).
>
> - **Weltanschauung** vous aide à comprendre **der Weltmeister** (*dèr vèlt-maïs-ter*) (le champion du monde) **die Weltmeisterschaft** (*dii vèlt-maïs-ter-shaft*) (le championnat du monde), **schauen** (*shaô-en*) (regarder), **die Presseschau** (*die prè-se-shaô*) (la revue de presse).

L'aide à l'acquisition de vocabulaire est l'un des leitmotivs du livre. Ce leitmotiv apparaît comme il se doit dans l'introduction, mais aussi dans chaque chapitre, avec notamment les tableaux de mots clés, suivis d'extensions au titre des « affinités lexicales ».

L'allemand que vous reconnaîtrez

La langue allemande ayant adopté un grand nombre de mots français au cours de son évolution, certains mots sont presque identiques ou se ressemblent dans les deux langues. Il est préférable de distinguer ceux dont l'orthographe est identique de ceux dont la forme est seulement voisine.

Mots frères

Les mots qui suivent sont écrits de la même façon (à part les accents de certaines voyelles en français) et ont les mêmes sens en allemand et en français. Il y a tout de même deux ou trois différences. Le genre de certains de ces mots n'est pas le même dans les deux langues, la prononciation n'est jamais tout à fait la même, et en allemand un nom commence toujours par une capitale.

L'écriture systématique de tous les noms avec une majuscule (et pas seulement des noms propres comme en français) est d'un grand secours pour comprendre l'allemand à la lecture. Tout mot commençant par une majuscule et qui n'est pas le premier mot d'une phrase ne peut être qu'un substantif.

die Adresse (*a-drè-se*)

das Auto (*das aô-tô*)

der Bandit (*dèèr ban-dit*)

blond (*blont*)

das Café (*das ka-féé*) (le café où l'on prend un café)

die Dame (*dii daa-me*)

elegant (*é-lé-gant*)

die Emotion (*dii é-mo-tsi-ôôn*)

die Garage (*dii ga-ra-ge*)

das Hotel (*das h'ô-tèl*)

der Idiot (*dèèr i-di-ôôt*)

die Idiotie (*dii i-di-ôô-tii*)

die Information (*dii in-for-ma-tsi-ôôn*)

die Inspiration (*dii in-spi-ra-tsi-ôôn*)

interessant (*in-tè-rè-sant*)

international (*in-tèr-na-tsiô-naal*)

der Kitsch (*dèèr kitsh*)

die Medaille (*dii mé-daa-li-e*)

die Minute (*dii mi-nouou-te*)

die Mission (*dii mi-si-ôôn*)

der Moment (*dèèr môô-mènt*)

die Nation (*dii na-tsi-ôôn*)

die Olive (*dii o-lii-ve*)

die Orange (*dii o-ran-je*)

das Papier (*das pa-piir*)

das Photo (*das fô-tô*)

die Presse (*dii prè-se*)

die **Prise** (*dii prii-ze*)
die **Religion** (*dii rè-li-gui-ôôn*)
das **Rendez-vous**
das **Restaurant** (*das rès-tô-rann't*)
die **Rose** (*dii rôô-ze*)
die **Satire** (*dii za-tii-re*)
der **Service** (*dèèr ser-vis*)
das **Signal** (*das zig-naal*)
der **Sport** (*dèèr shport*)
die **Statue** (*dii shta-tou-e*)
das **Photo** (*das fôô-tô*)
die **Photographie** (*dii fô-tô-gra-fii*)
das **Talent** (*das ta-lènt*)
das **Testament** (*das tès-ta-mènt*)
das **Taxi** (*das ta-xi*)
die **Tomate** (*dii to-maa-te*)
der **Tunnel** (*dèèr tou-nel*)
die **Vase** (*dii vaa-ze*)
die **Zone** (*dii tsôô-ne*)

Mots cousins

Et puis il y a tous ces mots, comme ceux du tableau 1.1, qui sont écrits presque de la même façon en allemand et en français et qui ont le même sens. Ce tableau vous donne aussi quelques notions sur les conventions d'écriture en allemand : par exemple, vous verrez que le « c » français devient « k » dans la plupart des mots allemands.

Tableau 1.1 : Mots de sens très voisin, orthographe un peu différente

Allemand	*Français*
aktuell (*ak-tou-èl*)	actuel
der **Apparat** (*dèèr a-pa-raat*)	l'appareil

Tableau 1.1 : Mots de sens très voisin, orthographe un peu différente

Allemand	Français
der Aspekt (*dèèr as-pèkt*)	l'aspect
der Balkon (*dèèr bal-kong*)	le balcon
die Bank (*dii ban'k*)	la banque
die Bluse (*dii blouou-ze*)	le corsage
definieren (*dé-fi-nii-ren*)	définir
die Dezentralisation (*dii dé-tsèn-tra-li-za-tsi-ôôn*)	la décentralisation
dezentralisieren (*dé-tsèn-tra-li-zii-ren*)	décentraliser
direkt (*di-rèkt*)	direct
dirigieren (*di-ri-guii-ren*)	diriger
der Doktor (*dèèr dok-tôôr*)	le docteur
der Effekt (*dèèr è-fèkt*)	l'effet
effektiv (*è-fèk-tiif*)	effectif
eventuell (*é-vèn-tou-el*)	éventuel
exportieren (*èx-por-tii-ren*)	exporter
extrem (*èx-tréém*)	extrême
der Extremismus (*dèèr èx-tré-mis-mus*)	l'extrémisme
exzellent (*èx-tsé-lèn't*)	excellent
fantastisch (*fan-tas-tish*)	fantastique
die Finanz (*dii fi-nants*)	la finance
das Formular (*das for-mou-laar*)	le formulaire
das Frikassee (*das fri-ka-séé*)	la fricassée
funktionieren (*founk-tsi-o-nii-ren*)	fonctionner
genial (*gué-ni-aal*)	génial
die Identifikation (*dii i-dèn-ti-fi-ka-tsi-ôôn*)	l'identification

Tableau 1.1 : Mots de sens très voisin, orthographe un peu différente

Allemand	Français
identifizieren (*i-dèn-ti-fi-tsii-ren*)	identifier
die Identität (*dii i-dèn-ti-tèèt*)	l'identité
ignorieren (*ig-no-rii-ren*)	ignorer
imperativ (*im-pé-ra-tiif*)	impératif
der Imperativ (*dèèr im-pe-ra-tiif*)	l'impératif
importieren (*im-por-tii-ren*)	importer
die Information (*dii in-for-ma-tsi-ôôn*)	l'information
informieren (*in-for-mii-ren*)	informer
interessieren (*in-te-rè-sii-ren*)	intéresser
der Kaffee (*dèèr ka-féé*)	le café (que l'on boit)
der Kalkül (*dèèr kal-kuul*)	le calcul
die Karosse (*dii ka-ro-se*)	le carosse
die Karotte (*dii ka-ro-te*)	la carotte
die Karte (*dii kar-te*)	la carte
die Katastrophe (*dii ka-ta-strôô-fe*)	la catastrophe
der Komfort (*dèèr kôm-fôôrt*)	le confort
komfortabel (*kom-for-taa-bel*)	confortable
die Komödie (*dii ko-meueu-di-e*)	la comédie
die Kondition (*dii kôn-di-tsiôôn*)	la condition
die Konjugation (*dii kôn-iou-ga-tsi-ôôn*)	la conjugaison
die Konjunktur (*dii kôn-iounk-touour*)	la conjoncture (économique)
das Konzert (*das kôn-tsèrt*)	le concert
koordinieren (*ko-or-di-nii-ren*)	coordonner
das Kotelett (*das ko-te-lèt*)	la côtelette
das Kostüm (*das kos-tuum*)	le costume

Tableau 1.1 : Mots de sens très voisin, orthographe un peu différente

Allemand	Français
die Kultur (*dii koul-tour*)	la culture
lang (*lang*)	long
die Maschine (*dii ma-shii-ne*)	la machine
die Medizin (*dii mé-di-tsiin*)	la médecine
die Methode (*dii mé-tôô-de*)	la méthode
das Möbel (*das meueu-bel*)	le meuble
möblieren (*meueu-blii-ren*)	meubler
das Motiv (*das môô-tif*)	le motif
motivieren (*mô-ti-vii-ren*)	motiver
die Nationalität (*dii na-tsiô-na-li-tèèt*)	la nationalité
die Natur (*dii na-touour*)	la nature
der Ozean (*dèèr ô-tsé-an*)	l'océan
parallel (*pa-ra-léél*)	parallèle (adjectif)
die Parallele (*dii pa-ra-léé-le*)	la parallèle
pathetisch (*pa-téé-tish*)	pathétique
die Pein (*dii païn*)	la douleur
perfekt (*per-fèct*)	parfait
die Person (*dii pèr-zôôn*)	la personne
persönlich (*pèr-zeueun-lich*)	personnel/en personne/personnellement
potentiell (*po-tèn-tsièl*)	potentiel (adjectif)
das Prinzip (*das prin-tsip*)	le principe
das Programm (*das pro-gram*)	le programme
programmieren (*prô-gra-mii-ren*)	programmer
der Programmierer (*dèèr prô-gra-mii-rer*)	le programmeur
die Proklamation (*dii pro-kla-ma-tsiôôn*)	la proclamation

Tableau 1.1 : Mots de sens très voisin, orthographe un peu différente

Allemand	Français
proklamieren (*pro-kla-mii-ren*)	proclamer
die propaganda (*dii pro-pa-gan-da*)	la propagande
das Publikum (*das pou-bli-koum*)	le public
psychisch (*psu-chish*)	psychique
rasieren (*ra-zii-ren*)	raser
die Reklame (*dii ré-klaa-me*)	la réclame
realisieren (*ré-a-li-zii-ren*)	réaliser
die Realität (*dii ré-a-li-tät*)	la réalité
reparabel (*ré-pa-raa-bel*)	réparable
die Reparatur (*dii ré-pa-ra-touour*)	la réparation
reparieren (*ré-pa-rii-ren*)	réparer
reservieren (*ré-zèr-vii-ren*)	réserver
der Salat (*dèèr za-laat*)	la salade
das Salz (*das zalts*)	le sel
der Scheck (*dèèr shèk*)	le chèque
sensibel (*zen-zii-bel*)	sensible
signalisieren (*zi-gkna-li-zii-ren*)	signaler
die Soße (*dii zôô-se*)	la sauce
stabil (*shta-biil*)	stable
stabilisieren (*shta-bi-li-zii-ren*)	stabiliser
die Stabilität (*dii shta-bi-li-tèèt*)	la stabilité
der Supermarkt (*dèèr zou-per-markt*)	le supermarché
die Suppe (*dii zou-pe*)	la soupe
sympathisch (*zum-paa-tish*)	sympathique
synkronisieren (*zun-krôô-ni-zii-ren*)	synchroniser
das System (*das zus-téém*)	le système
das Szenario (*das tsé-naa-ri-ôô*)	le scénario

Tableau 1.1 : Mots de sens très voisin, orthographe un peu différente

Allemand	Français
die Szene (*dii <u>tséé</u>-ne*)	la scène
das Telefon (*das té-lé-<u>fôôn</u>*)	le téléphone
das Telefonat (*das té-lé-fô-<u>naat</u>*)	le coup de téléphone
telefonieren (*té-lé-fô-<u>nii</u>-ren*)	téléphoner
der Tiger (*dèèr <u>tii</u>-guer*)	le tigre
das Tricot (*das tri-<u>kôô</u>*)	le maillot
die Tragödie (*dii tra-<u>gueueu</u>-di-e*)	la tragédie
zentral (*tsèn-traal*)	central
die Zentrale (*dii tsèn-<u>traa</u>-le*)	le siège (d'une entreprise, d'un parti politique…)
die Zentralisation (*dii tsèn-tra-li-za-tsi-<u>ôôn</u>*)	la centralisation
zentralisieren (*tsèn-tra-li-<u>zii</u>-ren*)	centraliser
die Zeremonie (*dii tsé-ré-mo-<u>nii</u>*)	la cérémonie
zeremoniell (*tsé-ré-mo-ni-<u>èl</u>*)	cérémoniel
das Zeremoniell (*das tsé-ré-mo-ni-<u>èl</u>*)	le cérémoniel
zeremoniös (*tsé-ré-mo-ni-eueuz*)	cérémonieux

Des mots en ie, ik, iker, isch faciles à reconnaître

L'allemand disposant des mêmes facilités que le latin ou le grec pour fabriquer à la demande des mots composés décrivant n'importe quelle nouveauté, on pourrait s'attendre à ce que les mots français issus de racines latines ou grecque se traduisent toujours en allemand par des vocables purement germaniques, plus difficiles à prononcer et à retenir.

En fait, même s'ils ont un équivalent germanique – ce qui n'est pas toujours le cas – ces mots français reflétant l'évolution du monde moderne possèdent assez souvent un homologue allemand suffisamment proche pour être aussitôt compris. Voici une liste, très incomplète, de ces mots groupés par famille, et choisis parmi les plus courants :

- **die Genetik** (*dii gué-<u>néé</u>-tik*), **genetisch** (*gué-<u>néé</u>-tish*)
- **die Chemie** (*dii ché-<u>mii</u>*), **chemisch** (*<u>ché</u>-mish*), **der Chemiker** (*dèèr <u>ché</u>-mi-ker*)
- **der Demokrat** (*dèèr dé-mô-<u>krat</u>*), **die Demokratie** (*dii dé-mô-kra-<u>tii</u>*), **demokratisieren** (*dé-mô-kra-ti-<u>zii</u>-ren*)
- **die Informatik** (*dii in-for-<u>maa</u>-tik*), **der Informatiker** (*dèèr in-for-<u>maa</u>-ti-ker*)
- **die Kritik** (*dii kri-<u>tik</u>*), **der Kritiker** (*dèèr <u>kri</u>-ti-ker*), **kritisch** (*<u>kri</u>-tish*), **kritisieren** (*kri-ti-<u>zii</u>-ren*)
- **die Mathematik** (*dii ma-té-ma-<u>tik</u>*), **mathematisch** (*ma-té-<u>maa</u>-tish*), **der Mathematiker** (*dèèr ma-té-<u>maa</u>-ti-ker*) (le mathématicien)
- **die Mechanik** (*dii mé-<u>shaa</u>-nik*), **mekanisch** (*mé-<u>shaa</u>-nish*), **der Mechaniker** (*dèèr mé-<u>shaa</u>-ni-ker*)
- **die Musik** (*dii mou-<u>ziik</u>*), **musikalisch** (*mou-zi-<u>kaa</u>-lish*), **der Musiker** (*dèèr <u>mouou</u>-zi-ker*)
- **der Optimist** (*dèèr op-ti-<u>mist</u>*), **der Optimismus** (*dèèr op-ti-<u>mis</u>-mous*), **optimistisch** (*op-ti-<u>mis</u>-tish*)
- **der Pessimist** (*dèèr pè-si-<u>mist</u>*), **der Pessimismus** (*dèèr pè-si-<u>mis</u>-mous*), **pessimistisch** (*pè-si-<u>mis</u>-tish*)
- **die Physik** (*dii fu-<u>zik</u>*), **physikalisch** (*fu-zi-<u>kaa</u>-lish*) (physiquement), **der Physiker** (*dèèr <u>fu</u>-zi-ker*)
- **die Politik** (*dii po-li-<u>tik</u>*), **politisch** (*po-<u>li</u>-tish*), **der Politiker** (*dèèr po-<u>li</u>-ti-ker*)
- **fdas Symptom** (*das zump-<u>tôôm</u>*), **symptomatisch** (*zump-tô-<u>maa</u>-tish*)
- **fdie Theorie** (*dii té-o-<u>rii</u>*), **theoretisch** (*té-o-<u>réé</u>-tish*) (théoriquement)

Faux amis

Comme dans toutes les langues, il y a en allemand des faux amis, qui ressemblent à des mots français, mais dont le sens est différent :

- **das Baiser** (*das bè-zèè*) : la meringue. Le baiser se dit **der Kuß** (*dèèr kous*).
- **blamieren** (*bla-mii-ren*) signifie « rendre ridicule » et est utilisé le plus souvent comme verbe possessif. **sich blamieren** (*zich bla-mii-ren*) (commettre une gaffe). La gaffe est **die Blamage** (*dii bla-maa-je*) et blamer se dit **tadeln** (*ta-deln*)
- **brav** (*braaf*) : ce mot veut dire « bien élevé » et non pas « brave ». Le mot allemand pour brave est **tapfer** (*tap-fer*).
- **der Dirigent** (*dèèr di-ri-guènt*) : le chef d'orchestre. Le dirigeant (d'une entreprise) est le **der Geschäftsführer** (*dèèr gue-shèfts-fuu-rer*).
- **der Dom** (*dèèr dôôm*) : peut vouloir dire le dôme, mais désigne habituellement une cathédrale, par exemple **der Kölner Dom** (*dèèr keul-ner dôôm*) (la cathédrale de Cologne).
- **frisieren** (*fri-zii-ren*) : veut dire « coiffer » en allemand, et non friser, qui se dit **kräuseln** (*kroï-zeln*). Le coiffeur se dit **der Friseur** (*dèèr fri-zeueur*), un mot que les Français n'utilisent plus.
- **das Interesse** (*das in-té-rè-se*) : veut dire comme en français l'intérêt que l'on porte à quelqu'un ou quelque chose, mais pas l'intérêt d'un emprunt, qui se dit **der Zins** (*dèèr tsinz*).
- **der Interessent** (*dèèr in-tè-rè-sènt*) : la personne qui s'intéresse à quelque chose, et dans le langage des affaires, le prospect. Intéressant (adjectif) se dit **interessant** (*in-té-rè-sant*).
- **kurios** (*kou-riôôz*) : ce mot veut seulement dire « étrange » et non curieux (désireux de savoir) qui se dit **neugierig** (*noï-guii-rish*).

- **die Messe** (*dii mè-se*) : ne veut pas dire la messe, mais la foire ou la foire exposition. La messe est **der Gottesdienst** (*dèèr go-tes-diinst*) (le service de Dieu).
- **ordinär** (*or-di-nèèr*) : ce mot veut dire « vulgaire » plutôt que « ordinaire ». Le mot allemand pour ordinaire est **normal** (*nor-mal*) ou **gewöhnlich** (*gue-veueun-lich*).
- **die Ouvertüre** (*dii ou-vèr-tuu-re*) : l'ouverture, mais seulement dans le domaine musical. L'ouverture au sens général est **die Öffnung** (*dii euf-noung*) ou **die Eröffnung** (*dii èr-euf-noung*), qui veut dire aussi l'inauguration.
- **der Paprika** (*dèèr pa-pri-ka*) : ce mot sous-entend en général le **Gemüse-Paprika** (*gue-muu-ze pa-pri-ka*) (paprika-légume), qui est le poivron, et non le **Gewürz-Paprika** (*gue-vurts pa-pri-ka*) (paprika-épice).
- **partout** (*par-tou*) : veut dire « absolument ». L'équivalent du mot français « partout » est **überall** (*uu-ber-all*).
- **die Provision** (*dii prô-vi-zi-ôôn*) : le sens de ce mot est « commission » et non « provision ». Le mot allemand pour provision est **Vorrat** (*for-raat*).
- **die Publizität** (*dii pou-bli-tsi-tèèt*) : veut dire « le fait d'être public ». La publicité au sens habituel de ce mot français est **die Werbung** (*dii vèr-boung*).

Prêteurs et emprunteurs

L'allemand n'a prêté que très peu de mots à la langue française ; en revanche, il a emprunté de nombreux termes français, comme en témoignent les listes précédentes. Il a adopté aussi de nombreux termes anglais, que vous pouvez comprendre parce nous les utilisons aussi. En voici quelques-uns :

- **der Boss**
- **das Business**

- die City
- cool
- das Design
- das Fast Food
- hip
- das Jet Set
- der Job
- das Jogging
- der Manager
- das Marketing
- die Party
- das Shopping
- die Show/Talkshow
- das Steak
- der Thriller
- das Understatement
- overdressed/underdressed
- Wow

Expressions courantes

Tout comme le français, l'allemand compte de nombreux *idiomes*, ou expressions particulières à la langue. Si on traduit ces idiomes mot à mot, ils paraissent souvent obscurs, et il convient de les mémoriser tels quels avec leur signification pour pouvoir les utiliser à bon escient. Par exemple, l'idiome allemand **ein Fisch auf dem Trockenen** (*aïn fish aôf déém tro-ke-nen*) se traduit littéralement par « un poisson sur le sec » et dénote une situation intenable comme celle d'un poisson hors de l'eau. On dit aussi **Es regnet Bindfäden** (*ès réé-gnet bind-fèè-den*) littéralement « Il pleut des ficelles », assez proche mais différente de notre expression « Il pleut des cordes ».

Voici deux autres idiomes allemands typiques.

- **Das macht den Braten (den Kohl) nicht fett.** (*das maght déén braa-ten nicht fèt*) (Cela ne rend pas le rôti (le choux) gras, ce qui veut dire : « cela ne fait pas une grande différence » ou « ça ne sert pas à grand chose ».)
- **den Braten riechen** (*déén braa-ten rii-chen*) (sentir le rôti, ce qui veut dire : « avoir vent de quelque chose »)

Outre ces idiomes, il existe de nombreuses expressions allemandes fréquemment utilisées et qui peuvent être apprises facilement :

- **Prima!** (*prii-ma*) (Parfait !)
- **Klasse!** (*kla-se*) (Parfait !)
- **Toll!** (*tol*) (formidable !)
- **Einverstanden.** (*aïn-fer-shtan-den*) (Entendu / D'accord.)
- **Geht in Ordnung.** (*guéét in ord-noung*) (Ça va/c'est fait/ce sera fait.)
- **Wird gemacht.** (*wirt gue-maght*) (Ok/sera fait.)
- **Keine Frage.** (*kaï-ne fraa-gue*) (Indiscutablement.)
- **Macht nichts.** (*maght nichts*) (Ça ne fait rien.)
- **Nicht der Rede wert.** (*nicht dèèr réé-de vèrt*) (Il n'y a pas de quoi.)
- **Schade!** (*shaa-de*) (Dommage !)
- **So ein Pech!** (*zoo aïn pèch*) (Quelle poisse !)
- **Viel Glück!** (*fiil gluk*) (Bonne chance !)
- **Prost!** (*prôôst*) (À la tienne/vôtre !)

Règles de base de la prononciation

Pour prononcer une langue étrangère correctement, le plus important est de surmonter sa crainte de ne pas y arriver ou de mal prononcer. Si vous entendez une langue étrangère parlée à la vitesse normale, vous risquez de ne même pas pouvoir reconnaître un seul mot ou son que vous pourriez reproduire. Pour maîtriser la langue, vous devez apprendre les règles de base de la prononciation et vous focaliser sur de petites unités, que vous pourrez ensuite étendre – et passer des sons de base à des mots puis à des phrases. Le reste est une question de pratique, de pratique et encore de pratique.

Orthographe et prononciation

L'alphabet allemand comporte 26 lettres, comme l'alphabet français. Certaines lettres sont prononcées de manière un peu différentes du français. En revanche, les mots se prononcent toujours comme il s'écrivent, et ils s'écrivent toujours comme ils se prononcent (à part certains mots étrangers). L'allemand partage cette grande qualité avec une langue que les Français aiment bien, l'italien. Et il est à cet égard aux antipodes d'une langue que beaucoup de Français jugent facile, l'anglais.

Vous pourrez un jour lire des textes allemand en apprenant des mots, sans dictionnaire : vous saurez comment les dire, et pour les raisons indiquées au début de ce chapitre, vous en devinerez le sens. Et plus tard – peut-être – vous lirez des textes allemands en écoutant dans votre tête la musique de la langue.

L'accent tonique en allemand

En allemand, l'accentuation des mots est l'un des moyens utilisés pour les reconnaître et les comprendre. L'allemand accentue chaque mot selon un schéma propre à ce mot, contrairement au français, qui accentue systématiquement la dernière syllabe non muette. Il s'ensuit que lorsque vous apprenez un mot allemand, vous avez intérêt à mémoriser non seulement sa signification, mais aussi la position de l'accent tonique. La prononciation indiquée en italique dans le livre vous montre clairement la syllabe accentuée : elle est _soulignée_. L'emplacement de l'accent tonique n'est d'ailleurs pas arbitraire. Il suit certaines règles, mais il n'est pas utile de les apprendre en tant que telles. Si vous faites attention à la prononciation fournie dans ce livre, vous serez bientôt en mesure de les appliquer d'instinct, sans même les connaître.

La durée des sons de voyelle en allemand

Contrairement au français, l'allemand distingue nettement les sons de voyelle brefs des sons de voyelle longs. Il y a des règles pour déterminer la durée des sons de voyelles en fonction de l'orthographe des mots, mais pour vous faciliter la tâche, la prononciation fournie dans le livre signale un son de voyelle long par le doublement de la lettre (ou de la diphtongue) figurant le son de voyelle : **hören** (_h'eueue ren_) (entendre), **der Laden** (_dèèr laa-den_) (le magasin), **die Tür** (_dii tuur_) (la porte).

En allemand, les voyelles (_a_, _e_, _i_, _o_ et _u_) peuvent produire des sons de voyelle brefs ou longs, selon les règles ci-après :

- Une voyelle est longue quand elle est suivie d'un « h », comme dans **der Stahl** (_dèèr shtaal_) (l'acier).
- Une voyelle est longue quand elle est suivie d'une seule consonne, comme dans **der Tag** (_dèèr taag_) (le jour).
- Une voyelle est longue quand elle est doublée, comme dans **der Teer** (_dèèr téér_) (le goudron) ou **der Aal** (_dèèr aal_) (l'anguille).
- En général, une voyelle est brève quand elle est suivie de deux consonnes ou plus, comme dans **die Tanne** (_dii ta-ne_) (le sapin).

Le tableau 1.2 vous donne la prononciation approchée des voyelles en allemand au moyen d'exemples et d'un équivalent (en _italiques_) basé sur la prononciation des voyelles en français.

Tableau 1.2 : Prononciation des voyelles en allemand

Lettre allemande	Symbole	Comme le français	Mot allemand
a (long)	aa	blague	der Laden (dèèr *laa-den*) (le magasin)
a (bref)	a	mat	der Platz (dèèr plats) (la place)
e (long)	éé	levée	das Leben (das *léé-ben*) (la vie)
e (bref/accentué)	è	hocquet	das Bett (das bèt) (le lit)
e (bref/non accentué)	e	cheval	lachen (*la*-ghen) (rire)
i (long)	ii	pire	der Ritus (dèèr *rii-tous*) (le rite)
i (bref)	i	micmac	die Milch (dii milch) (lait)
o (long)	ôô	aube	das Lob (das lôôp) (louange)
o (bref)	o	offre	die Motte (dii *mo*-te) (le papillon de nuit)
u (long)	ouou	bouge	die Tube (dii *touou*-be) (le tube)
u (bref)	ou	bouc	der Rum (dèèr roum) (le rhum)
y (bref)	i	yoga	der Yen (dèèr i-èn) (le yen)
y (bref)	u	zut	das Symbol (das zum-*bôôl*) (le symbole)

Prononciation de l'umlaut

Les trémas qui apparaissent parfois au-dessus des voyelles s'appellent des umlauts : **der Umlaut** (*dèèr oum-laôt*) (l'umlaut). Ils altèrent la prononciation du son d'une voyelle, selon les règles du tableau 1.3.

Tableau 1.3 : Prononciation de voyelles comportant un umlaut

Lettre allemande	Symbole	Comme le français	Mot allemand
ä (long)	èè	fête	**nächste** (*nèèk-ste*) (suivant)
ä (bref)	è	bec	**der Bäcker** (*dèèr bè-ker*) (boulanger)
ö	eu	miséreux	**hören** (*h'eueu-ren*) (entendre)
ü	uu	pur	**die Tür** (*dii tuur*) (porte)

Certains noms prennent un umlaut au pluriel : **das Huhn** (*das h'ououn*) (le poulet/la poule), **die Hühner** (*di h'uu-ner*) (les poules).

Prononciation des diphtongues

Les diphtongues sont les combinaisons de deux voyelles dans une même syllabe (comme dans le français « mauve »), et l'allemand en comporte un assez grand nombre, comme le montre le tableau 1.4.

Tableau 1.4 : Prononciation des diphtongues allemandes

Diphtongue allemande	Symbole	Comme le français	Mot allemand
ai	*aï*	ail	**der Mais** (*dèèr maïs*) (le maïs)
au	*aô*	là-haut	**laut** (*laôt*) (fort/bruyant)
au	*ôô*	aube	**das Restaurant** (*das rès-tôô-rann't*) (le restaurant)
äu/eu	*oï*	Loïc	**die Häuser** (*dii h'oï-zer*) (les maisons)/**die Leute** (*dii loï-te*) (les gens)
ei	*aï*	ail	**ein** (*aïn*) (un)/**mein** (*maïn*) (mon)
ie	*ii*	vie	**die Liebe** (*dii lii-be*) (l'amour)

Prononciation des consonnes

La prononciation des consonnes est assez proche de la prononciation des consonnes en français, à part quelques cas particuliers ou exceptions. Les consonnes **f, k, l, m, n, p, t, x** se prononcent comme en français. Les autres consonnes ont ou peuvent avoir une prononciation différente, indiquée dans le tableau 1.5.

Tableau 1.5 : Prononciation de certaines consonnes en allemand

Lettre allemande	Symbole	Comme le français	Mot allemand
b	p	pierre	die **Abfahrt** (*dii ap-faart*) (le départ)
b	b	bon	das **Bild** (*das bilt*) (l'image)
c	k	café	das **Café** (*das ka-féé*) (le café où l'on prend un café ; le café que l'on boit est der **Kaffee** (*dèèr ka-féé*))
c	ts	tsar	**Celsius** (*tsèl-zious*) (Celsius)
c	tsh	dispatcher	**Cello** (*tshè-lô*) (violoncelle)
d	t	zut	**blind** (*blint*) (aveugle)
d	d	deux	**durstig** (*dours-tish*) (assoiffé)
g	gu	guet	**geben** (*guéé-ben*) (donner)
g	gk (son intermédiaire entre ces deux lettres)	zinc	der **Tag** (*dèèr taagk*) (le jour)
h	h'	ha! ha!	**hart** (*h'art*) (dur)
j	i	ici	**ja** (*iaa*) (oui)
qu	kv	pic-vert	der **Quatsch** (*kvatsh*) (l'idiotie)
s (début d'un mot)	z	zoo	**sieben** (*zii-ben*) (sept)

Tableau 1.5 : Prononciation de certaines consonnes en allemand

Lettre allemande	Symbole	Comme le français	Mot allemand
s (milieu/fin de mot)	s	vis	**das Haus** (*das h'aôs*) (la maison)
ig		en fin de mot se prononce – ish en hochdeutsch dans le nord de l'Allemagne et – igk dans le sud de l'Allemagne. Nous proposons ici la prononciation en – ish.	
v	f	fou	**der Vogel** (*dèèr fôô-guel*) (l'oiseau)
v	v	vase	**die Vase** (*dii vaa-ze*) (le vase)
w	v	vis	**der Wald** (*dèèr valt*) (la forêt)
y	i	ici	**der Yoga** (*dèèr iôô-ga*) (le yoga)
y	uu	bure	**das System** (*das zus-téém*) (le système)
z	ts	tsar	**die Zahl** (*dii tsaal*) (le nombre)

Une nouvelle lettre : ß

En allemand écrit, vous rencontrerez la lettre **ß** (*ès-tsèt*), qui combine les lettres **s** (*ès*) et **z** (*tsèt*) et se prononce comme un « s » dur. On la considère comme une unique consonne, mais non comme une lettre supplémentaire de l'alphabet.

Il y eut longtemps d'assez nombreux mots allemands qui pouvaient s'écrire avec « ss » ou « ß » (la prononciation est identique), suivant des règles dont l'application était délicate. Une réforme récente de l'orthographe, d'ailleurs contestée, vise à résoudre cette difficulté (parmi d'autres). Voici la nouvelle règle :

- Après une voyelle longue, le s dur s'écrit « ß » – par exemple dans le mot **der Fuß** (*dèèr fouous*) (le pied).
- Après une voyelle brève, le « s » dur s'écrit « ss » – par exemple dans le mot **das Fass** (*das fas*) (le tonneau).

Notez qu'en Suisse, le ß n'est pas utilisé. Les Suisses écrivent toujours les mots avec « ss ».

Prononciation des combinaisons de consonnes

L'allemand comporte quelques combinaisons de consonnes qui ne se retrouvent pas en français ou sont prononcées différemment.

Prononciation du « ch »

La prononciation des lettres **ch** précédées d'une voyelle est selon la voyelle ou la diphtongue précédente, un peu différente ou très différente de la prononciation en français.

Si les lettres **ch** sont précédées d'un **i**, d'un **ü**, d'un **ä**, d'un **ö**, d'un **e** ou de la diphtongue **eu** (*oï*), leur prononciation se rapproche de celle du « j » en français. Pour produire ce ch allemand, positionnez la bouche comme pour dire « je », mais soufflez comme pour dire chemin. Il est représenté dans la prononciation approchée par la combinaison de lettres *« ch »*. En voici cinq exemples : **ich** (*ich*) (je), **vielleicht** (*fiil-laïcht*) (peut-être), **Bücher** (*buu-cher*) (livres), **das Blech** (*das blèch*) (la tôle), **feucht** (*foïcht*) (humide).

Si les lettres **ch** sont précédées d'un **a**, d'un **o**, d'un **u** ou de la diphtongue **au**, elles se prononcent par un son qui n'existe pas en français, que l'on peut décrire comme une sorte de râclement du fond de la gorge. C'est le même son que dans la prononciation du prénom espagnol Juan (en espagnol). Il est représenté dans la prononciation approchée par la combinaison *gh*. Voici quelques exemples : **das Dach** (*das dagh*) (le toit), **das Joch** (*das iogh*) (le joug), **das Buch** (*das bough*) (le livre), **auch** (*aôgh*) (aussi).

Et pour en finir avec le **ch**, cette combinaison de lettres se prononce comme un « k » lorsqu'elle est suivie d'un « s » : **das Wachs** (*das vaks*) (la cire), **wachsen** (*vak-sen*) (croître), **der Lachs** (*dèèr laks*) (le saumon).

Prononciation du « sch »

La combinaison de consonnes **sch**, assez fréquente en allemand, se prononce à peu près comme un « ch » normal en français, et plus précisément comme le « sh » que l'on trouve dans des mots anglais très connus comme « ship » ou « fish ». Pour cette raison, et pour le distinguer du « *ch* », elle est représentée dans la prononciation figurée par la combinaison *sh*. Et voici les homologues allemand des mots anglais « ship » et « fish » : **das Schiff** (*das shif*) (le navire), **der Fisch** (*dèèr fish*) (le poisson).

Prononciation de ck, sp, st et tsch

Le tableau 1.6 vous montre comment prononcer d'autres combinaisons de consonnes assez fréquentes en allemand.

Tableau 1.6 : Prononciation de ck, sp et st

Lettre allemande	Symbole	Comme le français	Mot allemand
ck	*k*	plouc	**der Dreck** (*dèèr drèk*) (l'ordure)
sp	*shp*	d'arrache-pied	**spät** (*shpèèt*) (tard)
st (début de mot)	*sht*	bouche-trou	**die Stadt** (*dii shtat*) (ville)
st (milieu/fin de mot)	*st*	statique	**die Last** (*dii last*) (le fardeau/la charge)
tsch	*tsh*	tchèque-**deutsch**	(*doïtsh*) (allemand)

Prononciation dans le livre : indications complémentaires

Les lettres ne se prononçant pas toujours de la même manière en français, nous avons dû adopter certaines conventions pour éviter toute confusion :

- Le « *e* » est toujours prononcé comme dans « je ».
- Les consonnes placées en fin de mot se prononcent toujours (suivant cette convention, le mot « regard » se prononcerait « regarde »).
- Le « *m* » et le « *n* » sont toujours prononcés indépendamment : l'allemand ne comporte pas de son nasal comme dans les mots français parent, empire, impie…
- Le « *s* » se prononce toujours comme dans « semence » et jamais comme dans « case ». Le son du « s » dans le mot case est rendu par le « *z* ».

La prononciation du « h », représentée par le symbole *h'*, ne se retrouve dans aucun mot français. On obtient le résultat souhaité par une brusque contraction des muscles du diaphragme, comme dans le rire. Le « h » n'est ignoré en allemand que s'il figure après un « t » dans des mots dérivés du grec, comme **Theorie** (*té-o-rii*) (théorie) ou **Theologie** (*té-o-lo-guii*) (théologie). Les lettres « t » et « h » peuvent se prononcer séparément quand elles appartiennent à différents composants d'un nom composé, comme dans les mots **Rasthaus** (*rast-h'aôs*) (auberge) ou **Basthut** (*bast-h'ouout*) (chapeau de paille).

Chapitre 2
Les bases de la grammaire allemande

....

Dans ce chapitre
▶ Construire des phrases simples
▶ Poser des questions
▶ Verbes réguliers et irréguliers
▶ Le passé, le présent et le futur
▶ Les cas de la déclinaison
▶ Compter en allemand

....

On pourrait se représenter la grammaire comme une grande commode comportant de multiples tiroirs. Mais au lieu de contenir des vêtements, les tiroirs contiendraient différentes sortes de mot (noms, verbes, adjectifs et adverbes), à raison d'un tiroir par catégorie de mot. Imaginez maintenant que ce soit le matin et que vous êtes sur le point de prononcer votre première phrase en allemand. Pour commencer, vous ouvrez le tiroir marqué noms et vous y prenez le mot **Socken** (*zo-ken*) (chaussettes). Ensuite, vous voulez décrire vos chaussettes, et donc vous ouvrez le tiroir marqué adjectifs et vous y prenez le mot **grün** (*gruun*) (vert). Et que faites-vous avec vos chaussettes ? Eh bien, vous les mettez, bien sûr. Vous puisez donc dans le tiroir des verbes pour en sortir le verbe **anziehen** (*an-tsii-en*) (enfiler). Tout va bien jusqu'ici mais vous jetez un coup d'œil sur la pendule et vous voyez que vous êtes en retard. Comment faire ? Vous allez bien vite dans le tiroir des adverbes pour y prendre le mot **schnell** (*shnèl*) (vite). Vous avez pris ainsi une phrase entière dans la commode : **ich ziehe schnell die grünen Socken an.** (*ich tsii-h'e shnèl dii gruu-neen zo-ken an*) (J'enfile vite les chaussettes vertes.)

Ce chapitre rend l'usage de la grammaire aussi facile que de s'habiller le matin. Au début, vous pouvez être très hésitant, mais avec l'habitude, et parce que le livre ne vous dévoile que les éléments de la grammaire les plus couramment utilisés, vous utiliserez la grammaire sans y penser, comme les germanophones de naissance.

La plupart des autres chapitres comportent des sections grammaticales plus détaillées, qui vous aideront à assimiler les notions élémentaires de ce chapitre 2. Dans certaines autres sections peuvent aussi apparaître de courtes explications d'ordre grammatical, repérées par l'icône « Point de grammaire ». Vous ne connaîtrez pas toute la grammaire, mais vous en aurez compris l'essentiel, et vous saurez vous en servir.

Types de mot

Pour construire une phrase simple, vous avez besoin d'un certain nombre de matériaux de construction : les noms, adjectifs, verbes, et adverbes sont les types de mot les plus importants.

Noms

Tous les noms allemand ont un genre, comme les noms en français. Ils peuvent être masculins, féminins ou neutres (un genre supplémentaire par rapport au français). Presque tous les noms peuvent être au singulier ou au pluriel. Et tous les noms allemands commencent par une majuscule : **das Theater** (*das té-aa-ter*) (le théâtre).

Les noms apparaissent habituellement en compagnie d'articles comme « le » ou « un ». La meilleure façon de vous familiariser avec le genre d'un nom est de vous rappeler le nom accompagné de l'article défini, qui

indique le genre du nom. Aux articles définis français
« le », « la » correspondent en allemand les trois
articles **der** (*dèèr*) (le), **die** (*dii*) (la) et **das** (*das*)
(article défini du neutre), en fonction du genre du
nom.

Quand vous rencontrez un nouveau nom, mémorisez-le avec son article défini. Par exemple,
mémorisez **der Garten** (*dèèr gar-ten*) (le jardin) et
pas seulement **Garten** (*gar-ten*) (jardin), **die Tür**
(*dii tuur*) (la porte), et pas seulement **Tür** (*tuur*)
(porte), et **das Haus** (*das h'aôs*) (la maison) et
pas seulement **Haus** (*h'aôs*) (maison).

Au pluriel, les choses sont plus faciles en ce qui
concerne les articles, mais tous les mots allemands ne
forment pas leur pluriel de la même façon. L'article
défini pour tous les mots au pluriel est **die** (*dii*). Et
l'article indéfini disparaît au pluriel. Le pluriel de **eine
Tür** (*aï-ne tuur*) (une porte) est simplement **Türe** (*tuu-re*) (des portes).

Cependant, les trois articles **der**, **die**, **das** subissent
toutes sortes de transformations selon les cas de la
déclinaison. Lisez la section « Mettre les mots au cas
approprié » plus loin dans ce chapitre, pour apprendre
leurs formes particulières.

Adjectifs

Les adjectifs qualifient les noms. En allemand, les
adjectifs, lorsqu'ils précèdent le nom qu'ils qualifient,
ont différentes terminaisons selon le genre, le cas
(voir plus loin dans ce chapitre), et le nombre (singulier ou pluriel) du nom qu'ils qualifient, et selon que
l'adjectif est accompagné par un article défini, un
article indéfini ou pas d'article du tout.

Contrairement au français, l'allemand n'accorde
pas avec les noms les adjectifs introduits par un
verbe situé après le nom qualifié. On dit **das
große Haus** (*das grôô-se h'aôs*) (la grande maison) [accord en allemand comme en français],

mais on dit **das Haus ist groß** (*das h'aôs ist grôôs*) (la maison est grande) [pas d'accord en allemand, accord en français].

Contentons-nous pour commencer de voir comment se fait l'association article-adjectif-nom lorsque ce groupe de mots est au cas du nominatif, c'est-à-dire constitue le sujet d'une phrase : d'abord avec un article défini (**der, die** ou **das**), puis avec un article indéfini (**ein, eine, ein**), enfin sans article du tout.

Voici les terminaisons des adjectifs accompagnés d'un article défini : nous utilisons comme exemples les adjectifs **schön** (*sheueun*) (beau), **weiß** (*vaïs*) (blanc), **groß** (*grôôs*) (grand), et **klein** (*klaïn*) (petit). Les terminaisons des adjectifs sont en italiques.

- **der schön*e* Garten** (*der sheueu-ne gar-ten*) (le beau jardin)
- **die weiß*e* Tür** (*dii vaï-se tuur*) (la porte blanche)
- **das klein*e* Haus** (*das klaï-ne h'aôs*) (la petite maison)
- **die groß*en* Häuser** (*dii grôô-sen h'oï-zer*) (les grandes maisons)

Voici maintenant les terminaisons des mêmes adjectifs accompagnés d'un article indéfini :

- **ein schön*er* Garten** (*aïn sheueu-ner gar-ten*) (un beau jardin)
- **eine weiß*e* Tür** (*aï-ne vaï-se tuur*) (une porte blanche)
- **ein klein*es* Haus** (*aïn klaï-nes h'aôs*) (une petite maison)
- **groß*e* Häuser** (*grôô-se h'oï-zer*) (de grandes maisons)

Enfin, voici les terminaisons pour les adjectifs utilisés sans article :

- **schön*er* Garten** (*sheueu-ner gar-ten*) (beau jardin)
- **weiß*e* Tür** (*vaï-se tuur*) (porte blanche)
- **klein*es* Haus** (*klaï-nes h'aôs*) (petite maison)

✔ **große Häuser** (*grôô-se h'oï-ser*) (grandes maisons)

Vous venez de voir les terminaisons des adjectifs lorsque le nom qualifié est sujet (cas nominatif). Les terminaisons des autres cas seront examinées plus loin.

Si l'adjectif n'est pas précédé d'un article défini, l'adjectif prend la terminaison qu'aurait eu l'article défini. C'est lui qui a la responsabilité d'indiquer le genre du nom qu'il précède.

Ces terminaisons servent à marquer le genre et le nombre du groupe sujet de la phrase ; notez que cette indication n'est pas redondante, elle n'est donnée qu'une fois. Regardez la première liste. La terminaison de l'adjectif est simplement **-e** pour **der**, **die**, **das**, qui annoncent clairement le genre d'un nom au singulier. Mais elle devient **-en**, qui signale l'arrivée d'un pluriel, après le deuxième **die**, pour montrer que le nom qui suit n'est pas un féminin, mais un pluriel.

De même, la terminaison **-er** du premier élément de la deuxième liste est nécessaire pour marquer le genre masculin du nom qui suit, tandis que celle du dernier élément de cette liste est **-es**, qui est le signe du neutre. (Au nominatif, il n'y a qu'un seul et même article indéfini pour le masculin et le neutre, et le locuteur allemand éprouve le besoin de les distinguer : il le fait par la terminaison de l'adjectif.)

Verbes

Les verbes expriment des actions ou des états. La personne qui fait l'action est son sujet, et le verbe adapte sa terminaison au sujet, comme en français. Exemple **die Tür öffnet sich** (*dii tuur euf-net zich*) (la porte s'ouvre), **die Türen öffnen sich** (*dii tuu-ren euf-nen zich*) (les portes s'ouvrent), **du öffnest die Tür** (*dou euf-nest dii tuur*) (tu ouvres la porte).

L'infinitif est la forme verbale dépourvue de marquage indiquant son sujet ou un temps (passé, présent ou futur). Les infinitifs allemands prennent habituellement la terminaison **-en**, comme **lachen** (_la_-ghen) (rire). Certains verbes se terminent en **-rn**, ou en **-ln**. Exemples : **kichern** (_ki_-chern) (ricaner), **lächeln** (_lèè_-cheln) (sourire).

La racine d'un verbe régulier reste inchangée pour tous les sujets et tous les temps. Les terminaisons correspondant à un sujet et à un temps sont les mêmes pour tous les verbes réguliers. Autrement dit, pour conjuguer correctement tous les verbes réguliers dont on connaît la racine, il suffit de savoir en conjuguer un seul. C'est comme en français.

Voici la conjugaison au présent du verbe **sagen** (_zaa_-guen) (dire), montrant les terminaisons ajoutées à sa racine **sag-** :

ich sag-e (je dis)

du sag-st (tu dis)

Sie sag-en (vous [vouvoiement au singulier] dites)

er, sie, es sag-t (il/elle/cela dit)

wir sag-en (nous disons)

ihr sag-t (vous [pluriel du tutoiement] dites)

Sie sag-en (vous [vouvoiement au pluriel] dites)

sie sag-en (ils disent)

Il y a toutefois quelques exceptions à la règle : quand la racine du verbe se termine en **-m**, **-n**, **-d** ou **-t**, vous devez insérer un **-e** avant la terminaison des formes associées aux pronoms **du**, **er/sie/es** et **ihr** :

du atm-est (tu respires)

er arbeit-e-t (il travaille)

ihr bad-e-t (vous vous baignez)

Pourquoi cette insertion d'un « e » ? Essayez de prononcer « atmst » et vous comprendrez pourquoi.

Adverbes

Les adverbes accompagnent les verbes ou les adjectifs et en infléchissent le sens. En français, la plupart des adverbes se terminent en « -ment », un suffixe généralement ajouté à un adjectif. L'équivalent allemand de ce suffixe serait **-lich**, mais il est rarement accolé à un adjectif pour en faire un adverbe. En voici un exemple, **wahrlich** (*vaar-lich*) (en vérité), que l'on trouve surtout dans la bible. **-lich** est l'une des terminaisons servant à fabriquer des adjectifs à partir d'autres mots : **die Pein** (*dii païn*) (la douleur) → **peinlich** (*païn-lich*) (pénible), **klein** (*klaïn*) (petit) → **kleinlich** (*klaïn-lich*) (mesquin).

En allemand, la plupart des adjectifs sont directement utilisables comme adverbes. C'est pourquoi, contrairement au français, l'allemand n'a pas besoin de terminaison spécifique pour les adverbes.

Ce sont au contraire les adjectifs allemands, qui peuvent avoir une terminaison spécifique de leur catégorie : elle sert à les accorder en genre, en nombre et en cas avec les substantifs qu'ils précèdent. Si donc un adjectif ne comporte pas de terminaison, c'est qu'il ne sert pas à qualifier un substantif placé <u>après</u> lui. Il n'y a alors que deux autres possibilités :

- L'adjectif et le nom qu'il qualifie sont reliés par un verbe, et le substantif apparaît <u>avant</u> le verbe : **das Haus ist groß** (*das h'aôs ist grôôs*) (la maison est grande), et alors l'adjectif est toujours <u>invariable</u>.

- L'adjectif est utilisé comme adverbe : **Das neue Auto ist schnell, und Herr Müller fährt zu schnell.** (*das noï-e aô-tô ist shnèl, ount h'èr mu-ler fèèrt tsou shnèl*) (La nouvelle voiture est rapide, et Monsieur Müller conduit trop vite.) ; **neu** précède et qualifie **Auto** et comporte une terminaison. La première utilisation de **schnell** qualifie également **Auto** mais ne comporte pas de terminaison, l'adjectif étant introduit par un verbe. La seconde utilisation de **schnell** est un adverbe.

Construction d'une phrase simple

Les noms, les verbes, les adjectifs et les adverbes ne sont généralement pas placés au hasard dans la phrase, et leur position doit être conforme à certaines règles.

Placer les mots dans le bon ordre

L'ordre « normal » des mots en allemand est voisin de l'ordre des mots en français. Le sujet vient d'abord, suivi du verbe, suivi du reste de la phrase. À moins qu'il y ait une raison pour ne pas le suivre, voici l'ordre des mots à respecter.

Sujet	Verbe	Objet
Meine Freundin	**hat einen**	**VW-Bus.**

maï-ne _froïn_-din h'at _aï_-neen faô-_véé_ bous

Mon amie a un minibus Volkswagen.

Mettre le verbe en deuxième position

L'une des choses les plus importantes à mémoriser est la place du verbe dans une phrase allemande. Dans les propositions indépendantes, comme celle de la section précédente et comme la proposition suivante, le verbe est toujours en deuxième position, dans tous les cas de figure.

Meine Freundin fährt nach Dänemark. (_maï-ne froïn_-din fèèrt nagh _dèè_-ne-mark) (Mon amie part au Danemark en voiture.)

Que se passe-t-il quand nous ajoutons un peu d'information ?

Meine Freundin fährt morgen nach Dänemark. (_maï_-ne _froïn_-din fèèrt _mor_-guen nagh _dèè_-ne-mark) (Mon amie part demain en voiture pour le Danemark.)

Chapitre 2 : Les bases de la grammaire allemande

Ici encore, le verbe est en deuxième position.

Que se passe-t-il si la phrase commence par **morgen** (*mor-guen*) (demain) ?

Morgen fährt meine Freundin nach Dänemark.

Morgen est en première position, et comme le verbe doit être en deuxième position, le sujet suit le verbe. Techniquement, ceci s'appelle l'*inversion du verbe*. Tout simplement, le verbe et le sujet échangent leurs positions respectives. Ce phénomène se produit s'il y a quoi que ce soit d'autre que le sujet en première position d'une phrase.

Cela dit, considérons la toute première phrase de cette section. Pouvez-vous bousculer l'ordre des mots ? Absolument, pourvu que le verbe reste en deuxième position. **Meine Freundin hat einen VW-Bus** devient **Einen VW-Bus hat meine Freundin**. Aucun problème. Mais pourquoi faire une telle chose ? En général, pour souligner l'importance de certains mots. Par exemple, vous pouvez vouloir dire :

- **Hat deine Schwester einen VW-Bus? Nein, meine Schwester hat einen BMW. Einen VW-Bus hat meine Freundin Heike.** (*h'at daï-ne shvès-ter aï-nen faô-véé bous? naïn, maï-ne shvès-ter h'at aï-nen béé-èm-véé. aï-nen faô-véé h'at maï-ne froïn-din h'aï-ke*) (Ta sœur a-t-elle un minibus Volkswagen ? Non, ma sœur a une BMW. C'est mon amie Heike qui a un minibus Volkswagen.)

- **Fährt deine Freundin heute nach Dänemark? Nein, morgen fährt sie nach Dänemark.** (*fèèrt daï-ne froïn-din h'oï-te nagh dèè-ne-mark? naïn, mor-guen fèèrt zii nagh dèè-ne-mark*) (Ton amie part-elle aujourd'hui pour le Danemark ? Non, c'est demain qu'elle part pour le Danemark.)

Les germanophones ne sont-ils pas perturbés par de telles modifications de l'ordre des mots ? C'est ici qu'intervient le fameux système de la déclinaison en allemand. Les adjectifs et les articles qui accompagnent les noms, et bien souvent, les noms eux-mêmes, ont des terminaisons différentes suivant leur fonction dans la phrase. Ainsi, quel que soit l'endroit où un nom apparaît dans une phrase, vous connaissez son rôle en faisant attention à la terminaison de l'article (et/ou de l'adjectif) qui l'accompagnent. Pour plus de précisions, reportez-vous à la section « Mettre les mots au cas approprié », plus loin dans ce chapitre.

Repousser le verbe à la fin

Les exemples utilisés jusqu'ici dans cette section étaient tous des phrases autonomes, indépendantes. Il arrive toutefois que plusieurs propositions se combinent en une structure plus complexe :

Meine Freundin sagt, dass sie nach Dänemark fährt. (*maï-ne froïn-din zaagt, das zii nagh dèè-ne-mark fèèrt*) (Mon amie dit qu'elle part en voiture pour le Danemark.)

Le verbe principal **sagt** (*zaagt*) (dit) est à la deuxième place, là où vous vous attendez à le trouver, mais le verbe de la deuxième proposition introduit par **dass** (*das*) (que) se retrouve tout à la fin. Ce mouvement se produit dans toutes les propositions dépendantes.

Les propositions dépendantes commencent typiquement par des conjonctions (de subordination) telles que **dass, weil, damit** (*das, vaïl, da-mit*) (que, parce que, afin que), et elles se terminent toujours par le verbe.

Poser des questions

L'ordre des mots d'une question en allemand est différent de celui des questions posées en français. Alors que le verbe vient en deuxième position dans une phrase standard, il vient en premier dans une question, et est suivi du sujet. Pour former la question, le sujet et le verbe échangent leurs positions respectives.

- **Fährt deine Freundin nach Dänemark?** (*fèèrt daï-ne froïn-din nagh dèè-ne-mark*) (Ton amie part-elle au Danemark ?)
- **Hat deine Freundin einen VW-Bus?** (*h'at daï-ne froïn-din aï-nen faô-véé bous*) (Ton amie a-t-elle un minibus Volkswagen ?)

Une autre façon de se renseigner consiste à former une question en commençant la phrase par un mot de question comme **wer ?** (*vèèr*) (qui ?), **was?** (*vas*) (quoi ?), **wo?** (*vôô*) (où ?), **wann?** (*van*) (quand ?) **wie?** (*vii*) (comment ?) ou **warum?** (*vaa-roum*) (pourquoi ?). Vous pouvez aussi former des questions au moyen d'expressions telles que **was für ein(e/en)...?** (*vas fuur aïn/e/en*) (quelle sorte de... ?) ou **welche/r/s...?** (*vèl-she/r/s*) (lequel/laquelle ?). Quand vous formez une question avec l'un de ces mots, le verbe occupe sa place habituelle – la deuxième :

- **Wer fährt nach Dänemark?** (*vèr fèèrt nagh dèè-ne-mark*) (Qui part en voiture au Danemark ?)
- **Was für ein Auto hat deine Freundin?** (*vas fuur aïn aô-tô h'at daï-ne froïn-din*) (Quel genre de voiture a ton amie ?)
- **Wann fährt sie nach Dänemark?** (*van fèèrt zii nagh dèè-ne-mark*) (Quand part-elle pour le Danemark ?)
- **Wie kommt deine Freundin nach Dänemark?** (*vii komt daï-ne froïn-din nagh dèè-ne-mark*) (Comment ton amie se rend-elle au Danemark ?)

Les temps : passé, présent et futur

Le mot temps prend un sens particulier en grammaire. Vous choisissez un « temps » en fonction du moment de l'action. Comme la manière d'envisager le concept de temps diffère légèrement d'une culture et d'une langue à une autre, il y a souvent des différences d'utilisation des temps de la grammaire. Cependant, les langues française et allemande sont assez proches en ce qui concerne l'utilisation des temps. Les différences essentielles portent sur la forme des verbes.

Le temps présent

Le présent est un temps très utile en allemand. Vous pouvez aller loin en vous servant seulement du présent. Son utilisation suit d'assez près l'utilisation du présent en français.

Le temps présent sert à décrire ce qui est en train de se passer maintenant :

- **Was machst du gerade?** (*vas maghst dou gue-raa-de*) (Qu'es-tu en train de faire ?)
- **Ich lese die Zeitung.** (*ich léé-ze dii tsaï-toung*) (Je lis le journal.)

Le temps présent peut aussi décrire ce qui se passe quelquefois, habituellement ou toujours :

Freitags gehe ich oft ins Kino. (*fraï-tags guéé-e ich oft ins kii-nô*) (Le vendredi je vais souvent au cinéma.)

Le temps présent peut décrire également ce qui va arriver :

- **Morgen fährt meine Freundin nach Dänemark.** (*mor-guen feèrt maï-ne froïn-din naght dèè-ne-mark*) (Demain mon amie part pour le Danemark.)
- **Nächste Woche fahre ich nach Bremen.** (*nèèx-te vo-ghe faa-re ich nagh bréé-men*) (La semaine prochaine je vais en voiture à Brême.)

Il est très fréquent de parler au présent d'événements futurs en allemand, surtout s'il y a une expression de temps dans la phrase pour placer clairement l'action dans le futur – par exemple, **nächste Woche** (*nèèx-te vo-ghe*) (la semaine prochaine) ou **morgen** (*mor-guen*) (demain).

Et pour finir, le temps présent peut aussi décrire ce qui s'est passé jusqu'à maintenant :

Ich bin seit drei Tagen in Hamburg. (*ich bin zaït draï taa-guen in h'am-bourg*) (Je suis à Hambourg depuis trois jours.)

Parler du passé : utilisation du temps dit « Perfekt »

Le temps **Perfekt** est le principal temps passé utilisé en allemand parlé. Sa forme et son utilisation sont voisines de celles du passé composé français. C'est un temps très versatile : vous pouvez l'employer pour parler de la plupart des actions et des situations du passé. Vous pouvez dire par exemple : **Ich habe Anna letzte Woche gesehen** (*ich h'aa-be a-na lèts-te vo-ghe gue-zéé-en*) (J'ai vu Anna la semaine dernière).

La plupart des verbes forment le **Perfekt** au moyen du verbe **haben** (*h'aa-ben*) (avoir) :

- **David hat mir geholfen.** (*daa-vid h'at mir gue-h'ol-fen*) (David m'a aidé.)
- **Gestern haben wir ein Auto gekauft.** (*guès-tern h'aa-ben vir aïn ao-tô gue-kaoft*) (Hier nous avons acheté une auto.)
- **Anna hat die Zeitung gelesen.** (*a-na h'at dii tsaï-toung gue-léé-zen*) (Anna a lu le journal.)
- **Ich habe den Film gesehen.** (*ich h'aa-be déén film gue-zéé-en*) (J'ai vu le film.)

Certains verbes exigent l'utilisation de **sein** (*zaïn*) (être) au lieu de **haben** (*h'aa-ben*) (avoir) pour former le temps **Perfekt**. Ces verbes décrivent une certaine forme de mouvement ou un changement d'état. Voici quelques exemples :

- **Ich bin ins Kino gegangen.** (*ich bin ins kii-nô gue-gan-guen*) (Je suis allé au cinéma.)
- **Meine Freundin ist nach Dänemark gefahren.** (*maï-ne froïn-din ist nagh dèè-ne-mark gue-faa-ren*) (Mon amie est partie en voiture au Danemark.)

- **Ich bin in Hamburg gewesen.** (*ich bin in h'am-bourg gue-véé-zen*) (J'ai été à Hambourg.)
- **Du bist mit dem Auto gekommen.** (*dou bist mit déém aô-tô gue-ko-men*) (Tu est venu en voiture.)
- **Sie ist mit dem Zug gefahren.** (*zii ist mit déém tsougk gue-faa-ren*) (Elle est venue par le train.)
- **Wir sind letzte Woche ins Kino gegangen.** (*vir zind lèts-te vo-ghe ins kii-nô gue-gan-guen*) (Nous sommes allés au cinéma la semaine dernière.)
- **Seid ihr durch den Park gelaufen?** (*zaït iir dourch déén park gue-laô-fen*) (Avez-vous marché à travers le parc ?)
- **Sie sind gestern im Theater gewesen.** (*zii zind guès-tern im téé-aa-ter gue-véé-zen*) (Ils sont allés hier au théâtre.)

Les verbes allemands se divisent en deux catégories : les verbes faibles et les verbes forts. Les verbes réguliers, dits verbes faibles, forment le groupe de verbes allemands le plus nombreux.

Formation du participe passé d'un verbe faible

Voici la formule de formation du participe passé d'un verbe faible, dans le cas le plus simple (verbe dont l'infinitif comporte seulement la racine du verbe suivi de la terminaison **-en**) :

ge + racine du verbe (infinitif moins **-en**) **+ (e)t**
= participe passé

Voici par exemple l'application de la formule au verbe **fragen** (*fraa-guen*) (demander/interroger) :

ge + frag + t = gefragt

Formation du participe passé d'un verbe fort

Voici la formule de formation du participe passé d'un verbe fort, également dans le cas le plus simple (verbe dont l'infinitif comporte seulement la racine du verbe suivi de la terminaison **-en**) :

ge + racine du verbe (infinitif moins **-en**) **+ en**
= participe passé

Voici l'application de la formule au verbe **kommen** (*komen*) (venir) :

ge + komm + en = gekommen

Vous trouverez des informations complètes sur le temps **Perfekt** au chapitre 7, et notamment sur la formation du participe passé des verbes composés, ceux dont la racine est précédée d'un préfixe (appelé « particule » en grammaire allemande), ainsi que sur la formation du participe passé des verbes d'origine latine.

Le temps Imperfekt

Le temps dit **Imperfekt**, équivalent à la fois du passé simple et de l'imparfait français, est utilisé constamment dans les journaux, les livres etc, mais il est moins courant dans la langue parlée. Pour cette raison, vous ne le rencontrerez pas beaucoup dans ce livre. Une exception est le temps **Imperfekt** de **sein** (*zaïn*) (être). On l'utilise souvent de préférence au **Perfekt** aussi bien dans la langue parlée que dans la langue écrite. Le tableau 2.1 montre les différentes formes de ce temps pour le verbe **sein.**

Tableau 2.1 : Imperfekt de sein

Conjugaison	Prononciation	Traduction
ich war	*ich vaar*	j'étais/je fus
du warst	*dou vaarst*	tu étais/fus
Sie waren	*zii vaa-ren*	Vous étiez/fûtes (vouvoiement au singulier)
er/sie/es war	*èr/zii/ès vaar*	il/elle/c'était ; il/elle/ce fut-fut
wir waren	*vir vaa-ren*	nous étions/fûmes
ihr wart	*iir vaart*	vous étiez/fûtes (tutoiement au pluriel)
Sie waren	*zii vaa-ren*	vous étiez/fûtes (vouvoiement au pluriel)
sie waren	*zii vaa-ren*	ils/elles étaient/furent

Le futur

Plus souvent encore qu'en français, le temps futur est souvent remplacé par l'usage du présent. Mais ce remplacement n'est pas systématique, et bien sûr vous pouvez utiliser le temps futur pour parler de ce qui se passera plus tard. Ce temps n'est pas obtenu comme en français par l'adjonction de désinences à la racine du verbe, mais par l'usage d'un verbe auxiliaire, **werden** (*vèèr-den*) (devenir) auquel on ajoute un infinitif. Le français utilise une forme similaire de futur : « Je partirai » peut aussi se dire : « Je vais partir », en introduisant une notion d'imminence que ne comporte pas le mot **werden**. L'imminence d'une action future est rendue en allemand par l'usage du présent.

Le tableau 2.2 vous montre les formes de **werden** au présent.

Tableau 2.2 : Formes de werden au présent

Conjugaison	Prononciation	Traduction
ich werde	(*ich vèèr-de*)	je vais
du wirst	(*dou virst*)	tu vas
Sie werden	(*zii vèèr-den*)	vous allez (vouvoiement au singulier)
er/sie/es wird	(*èèr/zii/ès virt*)	il/elle/ça va
wir werden	(*viir vèèr-den*)	nous allons
ihr werdet	(*iir vèèr-det*)	vous allez (tutoiement au pluriel)
Sie werden	(*zii vèèr-den*)	vous allez (vouvoiement au pluriel)
sie werden	(*zii vèèr-den*)	ils/elles vont

Et voici comment incorporer le futur dans une phrase :

✔ **Ich werde anrufen.** (*ich vèèr-de an-rouou-fen*) (J'appellerai.)

✔ **Wir werden morgen kommen.** (*viir vèèr-den mor-guen ko-men*) (Nous viendrons demain.)

✔ **Es wird regnen.** (*ès virt réég-nen*) (Il va pleuvoir.)

Mettre les mots au cas approprié

Chaque langue a une manière qui lui est propre d'indiquer le rôle d'un mot dans une phrase particulière ; par exemple, la façon d'indiquer qui ou quoi fait quoi à qui ou à quoi. En anglais par exemple, le rôle d'un nom est principalement fixé par sa position dans la phrase. La langue allemande, au contraire, indique la fonction d'un nom dans une phrase principalement par l'adjonction de terminaisons à tout article ou adjectif accompagnant le nom (et parfois au nom lui-même).

Lorsqu'ils sont utilisés dans une phrase, les noms apparaissent dans l'un de quatre cas en fonction de leur rôle dans la phrase : nominatif pour le sujet, accusatif pour l'objet direct, datif pour l'objet indirect, et génitif pour l'indication de la possession. Dans ce livre, vous rencontrerez surtout les cas du nominatif, de l'accusatif et du datif. Le génitif est utilisé moins fréquemment, mais nous nous devons de le mentionner ici.

Le nominatif

Le sujet d'une phrase est toujours au nominatif. En général, le sujet est la personne ou la chose qui exécute l'action du verbe. Par exemple, dans la phrase **Der Junge nimmt den Kuchen** (*dèèr ioun-gue nimt déén kouou-ghen*) (Le garçon prend le gâteau.), le garçon est celui qui prend le gâteau : il est le sujet de la phrase.

L'accusatif

L'objet direct de la phrase est toujours à l'accusatif. L'objet direct est la personne ou la chose directement affectée par l'action du verbe. Ainsi dans la phrase **Der Junge nimmt den Kuchen** (*dèèr ioun-gue nimt déén kouou-ghen*) (Le garçon prend le gâteau.), le gâteau est l'objet direct – c'est la chose qui est prise.

Le datif

L'objet indirect de la phrase est toujours au datif. L'objet indirect est la personne ou la chose indirectement affectée par l'action du verbe. Par exemple, dans la phrase **Der Junge gibt dem Hund den Kuchen** (*dèèr ioun-gue gipt déém hount déén kouou-ghen*) (Le garçon donne le gâteau au chien.), le chien est l'objet indirect, celui à qui le garçon donne le gâteau. (Le gâteau est l'objet direct, la chose qui est donnée.)

S'il y a deux objets dans la phrase, l'un d'eux est probablement un objet indirect. Dans le doute, essayez de traduire la phrase en français : si vous pouvez mettre « à » devant l'un des noms, c'est l'objet indirect de la phrase allemande.

Le génitif

Le génitif indique la possession. La personne ou la chose qui possède est au génitif. Par exemple, dans le groupe de mots **der Hund des Jungen** (*dèèr h'ount dès ioun-guen*) (le chien du garçon), c'est le garçon qui possède le chien, et donc c'est le garçon qui est au génitif.

L'importance des cas de la déclinaison en allemand

Les cas jouent un rôle primordial en allemand. Ils précisent le rôle du groupe de mots constitué autour du substantif. Ce procédé représente une complication pour les personnes dont la langue maternelle est une langue sans déclinaison, comme le français. Il présente en contrepartie deux avantages – pour ceux qui maîtrisent la langue :

- Un certaine souplesse : la modification de l'ordre « normal » peut servir à communiquer une information supplémentaire, par exemple, souligner l'importance d'un élément.
- L'application correcte du système des cas contribue à une compréhension plus rapide de la phrase. La forme d'un article et d'un adjectif déclinés livre par avance à la personne qui lit ou écoute une première information sur le substantif concerné.

L'envers de la médaille est bien sûr que des terminaisons incorrectes nuisent à la compréhension.

La section « Types de mots », plus haut dans ce chapitre, a traité des accords, au nominatif, entre articles, adjectifs et substantifs, puis elle vous a présenté brièvement les verbes. La conjugaison des verbes met en jeu, comme en français, des pronoms personnels, eux aussi au nominatif, puisqu'ils représentent alors le « sujet » du verbe. Mais les pronoms peuvent aussi avoir d'autres fonctions, et se déclinent. Les sous-sections suivantes vous présentent successivement les transformations que les déclinaisons font subir aux pronoms, aux articles indéfinis, aux articles indéfinis, aux pronoms possessifs, et pour finir, aux adjectifs.

Déclinaison des pronoms

Les pronoms sont de petits mots qui remplacent les noms. On les utilise à la place des noms pour éviter la lourdeur des répétitions.

Les pronoms changent de forme selon la manière dont ils sont utilisés dans une phrase. Le tableau 2.3 montre les pronoms au nominatif (cas du sujet). Et le tableau 2.4 montre la façon dont les pronoms se modifient en fonction du cas.

Tableau 2.3 : Pronoms personnels au nominatif

Allemand	Français
ich	je
du	tu
Sie	vous (vouvoiement au singulier)
er/sie/es	il/elle/cela
wir	nous
ihr	vous (tutoiement au pluriel)
Sie	vous (vouvoiement au pluriel)
sie	ils/elles

Tableau 2.4 : Pronoms personnels aux différents cas

Nominatif	Datif	Accusatif	Français
ich	mir	mich	je, me, me
du	dir	dich	tu, te, te
Sie	Ihnen	Sie	vous, vous, vous (vouvoiement au singulier)
er	ihm	ihn	il, lui, le
sie	ihr	sie	elle, lui, la
es	ihm	es	il, lui, le
wir	uns	uns	nous, nous, nous
ihr	euch	euch	vous, vous, vous (tutoiement au pluriel)
Sie	Ihnen	Sie	vous, vous, vous (vouvoiement au pluriel)
sie	ihnen	sie	ils/elles, leur, les

Voici un exemple de la deuxième personne du singulier, le pronom **du** apparaissant au nominatif, au datif et à l'accusatif selon sa fonction dans la phrase.

- **Du** bist müde. (*dou bist muu-de*) (Tu es fatigué.)
  du = nominatif
- Ich gebe **dir** das Buch. (*ich guéé-be dir das bough*) (Je te donne le livre.) **dir** = datif
- Ich frage **dich**. (*ich fraa-gue dich*) (Je t'interroge.)
  dich = accusatif

Déclinaison des articles indéfinis

L'article indéfini allemand **ein** (*aïn*) (un) peut avoir différentes terminaisons. Sa terminaison varie selon qu'il accompagne le sujet d'une phrase (nominatif), un nom possesseur (génitif), un objet indirect (datif) ou un objet direct (accusatif).

Le tableau 2.5 montre l'article indéfini **ein** aux différents cas de la déclinaison allemande.

Tableau 2.5 : Terminaisons de ein aux différents cas

Genre	Nominatif	Génitif	Datif	Accusatif
Masculin	ein	eines	einem	einen
Féminin	eine	einer	einer	eine
Neutre	ein	eines	einem	ein

Les exemples suivants montrent l'article indéfini masculin **ein** avec les terminaisons appropriées aux différents cas.

- **Ein** Wagen steht auf der Straße. (*aïn vaa-guen shtéét aôf dèèr shtraa-se*) (Une voiture est arrêtée dans la rue.) **ein** = nominatif
- Du liest das Buch **eines** Freundes. (*dou liist das bouough aï-nes froïn-des*) (Tu lis le livre d'un ami.) **eines** = génitif
- Das Buch gehört **einem** Freunde. (*das bouough gue-h'eueurt aï-nem froïn-de*) (Le livre appartient à un ami.) **einem** = datif

- Ich habe **einen** Hund. (*ich h'aa-be aï-nen h'ount*) (J'ai un chien.) **einen** = accusatif

Déclinaison des articles définis

Les articles définis changent selon le cas auquel ils sont utilisés, comme le montre le tableau 2.6.

Tableau 2.6 : Articles définis aux différents cas

Genre	Nominatif	Génitif	Datif	Accusatif
Masculin	der	des	dem	den
Féminin	die	der	der	die
Neutre	das	des	dem	das
Pluriel	die	der	den	die

Les exemples suivants montrent l'article défini **der** et ses terminaison aux différents cas.

- **Der** Wagen steht auf der Straße. (*dèèr vaa-guen shtéét aôf dèèr shtraa-se*) (La voiture est arrêtée dans la rue.) **der** = nominatif
- Du liest das Buch **des** Freundes. (*dou liizt das bough dès froïn-des*) (Tu lis le livre de l'ami.) **des** = génitif
- Ich leihe **dem** Freund mein Auto. (*ich laï-e déém froïnd maïn aô-tô*) (Je prête ma voiture à l'ami.) **dem** = datif
- Ich habe **den** Hund. (*ich h'aa-be déén H'ount*) (J'ai le chien.) **den** = accusatif

Déclinaison des pronoms possessifs

Les pronoms possessifs marquent la possession. Ils permettent d'établir la différence entre ce qui t'appartient à toi **dein Buch** (*daïn bouough*) (ton livre) et ce qui m'appartient à moi **mein Buch** (*maïn bouough*) (mon livre). Voici la liste des pronoms possessifs aux différentes personnes du singulier et du pluriel :

- **mein** (*maïn*) (mon)
- **dein** (*daïn*) (ton)

- **Ihr** (*iir*) (votre) (vouvoiement au singulier)
- **sein/ihr/sein** (*zaïn/iir/zaïn*) (son/son/son)
- **unser** (*oun-zer*) (notre)
- **euer** (*oï-er*) (votre) (tutoiement au pluriel)
- **Ihr** (*iir*) (votre) (vouvoiement au pluriel)
- **ihr** (*iir*) (leur)

Vous voyez apparaître ici une différence majeure entre les pronoms possessifs du français et ceux de l'allemand : en allemand, le pronom possessif n'est pas le même selon le genre du nom possédant représenté par le pronom. Le pronom possessif pour **der Mann** (*dèèr man*) (l'homme) est **sein**. Pour **die Frau** (*dii fraô*) (la femme), le pronom possessif est **ihr**. Pour **das Kind** (*das kint*) (l'enfant), le pronom possessif est **sein**. (Vous savez qu'en français la forme du pronom possessif dépend seulement du genre de l'objet possédé, et nullement de celui du nom possédant.) Exemples : **Herr Zimmermann geht mit *seinem* Hund spazieren.** (*h'èr tsi-mer-man guéét mit zaï-nem h'ount shpa-tsii-ren*) (Monsieur Zimmermann va se promener avec son chien.) **Frau Huber begleitet *ihr* Kind zur Schule.** (*fraô h'ouou-ber be-glaï-tet ii-res kint tsouour shouou-le*) (Madame Huber accompagne son enfant à l'école.) **Das Kind hat *sein* Spielzeug verloren.** (*das kint h'at zaïn shpiil-tzoïgk fer-lôô-ren*) (L'enfant a perdu son jouet.) Notez que si l'enfant est une fillette et même si le contexte le dit expressément, vous devez utiliser la forme neutre du pronom possessif. L'accord se fait avec le genre du nom, pas avec le genre de l'entité représentée par un nom ou un pronom (comme il se fait en anglais).

Le tableau 2.7 montre toutes les formes du singulier du pronom possessif **mein** (*maïn*) (mon). Les autres pronoms possessifs prennent les mêmes terminaisons. Ces terminaisons vous rappelleront peut-être quelque chose : ce sont les mêmes que celles de l'article indéfini **ein**. (Sauf au pluriel, puisqu'au pluriel l'article indéfini disparaît !)

Tableau 2.7 : Terminaisons d'un pronom possessif aux différents cas

Genre	Nominatif	Génitif	Datif	Accusatif
Masculin	mein	meines	meinem	meinen
Féminin	meine	meiner	meiner	meine
Neutre	mein	meines	meinem	mein
Pluriel	meine	meiner	meinen	meine

Déclinaison des adjectifs

Comme les articles, les adjectifs précédant les noms changent de terminaison selon le rôle des noms qu'ils qualifient, comme le montre le tableau 2.8.

Tableau 2.8 : Terminaisons des adjectifs précédés par des articles définis/des articles indéfinis ou absents

Genre	Nominatif	Génitif	Datif	Accusatif
Masculin	e/er	en/en	en/en	en/en
Féminin	e/e	en/en	en/en	e/e
Neutre	e/es	en/en	en/en	e/es
Pluriel	en/e	en/er	en/en	en/e

Pour illustrer les terminaisons figurant dans le tableau 2.8, nous vous donnons ci-après des exemples de noms accompagnés d'un adjectif et d'un article indéfini ou défini, respectivement dans les tableaux 2.9 et 2.10. Ces exemples sont les mêmes que ceux illustrant, au début du chapitre, les accords entre article/adjectif/nom au nominatif : **der schöne Garten** (*dèèr sheueu-ne gar-ten*) (le beau jardin), **die weiße Tür** (*dii vaï-se tuur*) (la porte blanche), **das kleine Haus** (*das klaï-ne h'aôs*) (la petite maison).

Tableau 2.9 : Exemples de terminaisons d'adjectifs précédé d'un article

Genre	Nominatif	Génitif	Datif	Accusatif
Masculin	ein schön*er* Garten	eines schön*en* Gartens	einem schön*en* Garten	einen schön*en* Garten
Féminin	eine weiß*e* Tür	einer weiß*en* Tür	einer weiß*en* Tür	eine weiß*e* Tür
Neutre	ein klein*es* Haus	eines klein*en* Hauses	einem klein*en* Haus	ein klein*es* Haus
Pluriel	klein*e* Häuser	klein*er* Häuser	klein*en* Häusern	klein*e* Häuser

Tableau 2.10 : Exemples de terminaisons d'adjectifs précédés d'un article défini

Genre	Nominatif	Génitif	Datif	Accusatif
Masculin	der schön*e* Garten	des schön*en* Gartens	dem schön*en* Garten	den schön*en* Garten
Féminin	die weiß*e* Tür	der weiß*en* Tür	der weiß*en* Tür	die weiß*e* Tür
Neutre	das klein*e* Haus	des klein*en* Hauses	dem klein*en* Haus	das klein*e* Haus
Pluriel	die klein*en* Häuser	der klein*en* Häuser	den klein*en* Häusern	die klein*en* Häuser

Chapitre 3
Tout est affaire de chiffres

....

Dans ce chapitre :
- Les nombres
- Dire l'heure
- Le calendrier et les dates
- Changer de l'argent
- Les automates bancaires
- Encore l'impératif

....

Les nombres

Il y a des chances pour que vous n'ayez pas trop à vous inquiéter des nombres en dehors de ceux qui servent à indiquer l'heure ou à changer de l'argent. La connaissance des nombres suivants devraient vous permettre de compter facilement quand vous en aurez besoin.

0 null (*noul*)
1 eins (*aïns*)
2 zwei (*tsvaï*)
3 drei (*draï*)
4 vier (*fiir*)
5 fünf (*fuunf*)
6 sechs (*zèks*)
7 sieben (*<u>zii</u>-ben*)
8 acht (*aght*)
9 neun (*noïn*)

10 zehn (*tséén*)
11 elf (*èlf*)
12 zwölf (*tsveulf*)
13 dreizehn (*dräi-tséén*)
14 vierzehn (*fiir-tséén*)
15 fünfzehn (*funf-tséén*)
16 sechzehn (*sèch-tséén*)
17 siebzehn (*ziib-tséén*)
18 achtzehn (*aght-tséén*)
19 neunzehn (*noïn-tséén*)
20 zwanzig (*tsvan-tsish*)
21 einundzwanzig (*aïn-ount-tsvan-tsish*)
22 zweiundzwanzig (*tsvaï-ount-tsvan-tsish*)
23 dreiundzwanzig (*draï-ount-tsvan-tsish*)
24 vierundzwanzig (*fiir-ount-tsvan-tsish*)
25 fünfundzwanzig (*funf-ount-tsvan-tsish*)
30 dreissig (*draï-sish*)
40 vierzig (*fiir-tsish*)
50 fünfzig (*funf-tsish*)
60 sechzig (*zèch-tsish*)
70 siebzig (*ziib-tsish*)
80 achtzig (*agh-tsish*)
90 neunzig (*noïn-tsish*)
100 hundert (*h'oun-dert*)
200 zweihundert (*tsvaï-h'oun-dert*)
300 dreihundert (*draï-h'oun-dert*)
400 vierhundert (*fiir-h'oun-dert*)
500 fünfhundert (*funf-h'oun-dert*)
1 000 tausend (*taô-zent*)

Les nombres entre 20 et 100 peuvent paraître un peu étrange au premier abord. Ainsi, 21 se dit **einundzwanzig** (*aïn-ount-tsvan-tsish*) en allemand. On dit en réalité un et vingt (au lieu de vingt-et-un). Pensez à appliquer ce même schéma à tous les nombres à deux chiffres au-delà de vingt qui ne se terminent pas par un zéro, par exemple 87 = **siebenundachtzig** (<u>zii</u>-ben-ount-agh-tsish).

Dire l'heure

Alors que le français dispose du mot heure, et d'autres mots pour désigner les instruments qui permettent de savoir l'heure (montre, horloge, cadran solaire…), l'allemand se sert du mot de base **die Uhr** (dii ouour) (la pendule/montre/…) pour désigner tout ce qui sert à mesurer le temps – le terme générique **Uhr** étant éventuellement complété pour former un mot composé comme **die Armbanduhr** (dii <u>arm</u>-band-ouour) (la montre-bracelet). Le terme générique **Uhr** sert aussi pour indiquer ou demander l'heure. (Il y a bien un mot qui signifie « heure » : **die Stunde** (dii <u>shtoun</u>-de), mais il ne sert pas à demander ou dire l'heure qu'il est.)

Demander l'heure

La plupart des gens portent une montre pour ne pas avoir à demander l'heure, mais en cas d'oubli, de perte ou de défaillance, il est bon de savoir poser la question :

- **Wieviel Uhr ist es?** (vii-<u>fiil</u> ouour ist ès) (Quelle heure est-t-il ?)
- **Wie spät ist es?** (vii shpèèt ist ès) (Quelle heure est-il ?)

En approchant quelqu'un pour lui demander l'heure, vous pouvez, comme d'habitude, rendre votre requête un peu plus courtoise en ajoutant les mots **Entschuldigen Sie, bitte** (ènt-<u>shoul</u>-di-guen zii, <u>bi</u>-te) (Excusez-moi, s'il vous plaît) au début de votre question.

L'heure à la manière ancienne : de 1 à 12

Les locuteurs allemands peuvent utiliser deux approches pour dire l'heure : la manière ancienne qui reprend les nombres figurant sur une horloge standard (1 à 12) ; ou celle basée sur le cycle de 24 heures, décrite dans la section suivante.

Vous pouvez librement choisir entre ces deux systèmes. Comme en France, beaucoup de gens utilisent le format sur 12 heures en parlant de manière informelle, et ont recours au format sur 24 heures lorsqu'ils veulent être absolument sûrs qu'il ne peut y avoir de malentendu, par exemple en discutant d'horaires. De nombreux locuteurs préfèrent utiliser en toutes circonstances le format 24 heures, et les entreprises de transport, les théâtres et les cinémas indiquent leurs horaires sur 24 heures.

L'heure pile

Il est très facile de dire l'heure quand l'aiguille des minutes est sur zéro :

Es ist ... Uhr. (*ès ist ... ouour*) (Il est ... heures.)

en choisissant le nombre correspondant à l'heure. (Voir le chapitre 3 pour plus d'informations sur les nombres en allemand.) Exemple : **Es ist zehn Uhr.** (*ès ist tséén ouour*) (Il est dix heures).

Un quart d'heure ou une demi-heure avant ou après l'heure

Les choses se compliquent un peu un quart d'heure avant ou après l'heure. Les expressions suivantes vous montrent comment utiliser le mot allemand qui veut dire quart (il vous suffit d'insérer l'heure appropriée) :

- **Es ist Viertel nach ...** (*ès ist <u>fiir</u>-tel nagh ...*) (Il est ... et quart.) Exemple : **Es ist Viertel nach drei.** (*ès ist <u>fiir</u>-tel nagh draï*) (Il est trois heures et quart.)

- **Es ist Viertel vor ...** (*ès ist fuir-tel fôôr ...*) (Il est ... moins le quart.) Exemple : **Es ist Viertel vor zwölf.** (*ès ist fuir-tel fôôr tsveulf*) (Il est midi moins le quart.)

La demi-heure mérite davantage d'explications. Les germanophones pensent à l'avenir quand la moitié d'une heure est écoulée. Au lieu de se repérer sur l'heure précédente, ils se situent une demi-heure avant l'heure suivante. En allemand, quand il est 4 heures 30, vous dites qu'il est une demi-heure avant 5 heures et non une demi-heure après 4 heures. Pour dire 4 heures 30, vous dites **Es ist halb fünf** (*ès ist h'alp fuunf*).

- **Es ist halb ...** (*ès ist h'alp*) (Il est une demi-heure avant ...)

Quelques minutes avant ou après

Vous pouvez aussi vouloir indiquer une heure qui ne peut s'exprimer en heures entières, demi-heure et quart d'heure. Il faut alors recourir aux minutes, en précisant si elles précèdent ou suivent l'heure. Par exemple :

- **Es ist fünf Minuten vor zwölf.** (*ès ist fuunf mi-nouou-ten fôôr tsveulf*) (Il est midi moins cinq.)
- **Es ist zwanzig Minuten nach sechs.** (*ès ist tsvan-tsigk mi-nouou-ten nagh zèks*) (Il est 6 heures 20.)

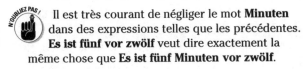

Il est très courant de négliger le mot **Minuten** dans des expressions telles que les précédentes. **Es ist fünf vor zwölf** veut dire exactement la même chose que **Es ist fünf Minuten vor zwölf**.

De 0 à 24 heures

Ce système est rigoureusement parallèle à celui utilisé en France : après avoir compté les heures jusqu'à 12, on continue d'en ajouter jusqu'à 24 ou **Mitternacht** (*mi-ter-naght*) (minuit), ou encore **null Uhr** (*noul ouour*) (zéro heure).

Il n'est plus question ici de demi-heure ni de quart d'heure, mais seulement d'heures et de minutes après l'heure :

- **Es ist 15 Uhr dreißig.** (*ès ist fuunf-tséén ouour draï-sish*) (Il est 15 heures 30.)
- **Es ist 21 Uhr fünfzehn.** (*ès ist aïn-ount-tsvan-tsish ouour fuunf-tséén*) (Il est 21 heures 15.)
- **Es ist 22 Uhr vierundvierzig.** (*ès ist tsvaï-ount-tsvan-tsish ouour fiir-ount-fiir-tsish*) (Il est 22 heures 44.)
- **Es ist null Uhr siebenunddreißig.** (*ès ist noul ouour zii-ben-ount-draï-sigk*) (Il est zéro heure 37.)

Les moments de la journée

Voici les principales divisions de la journée en allemand, parallèles aux divisions faites en français, avec un « avant-midi », symétrique de l'après-midi :

- **der Morgen** (*dèèr mor-guen*) (le matin : de 4 h à midi)
- **der Vormittag** (*dèèr fôôr-mi-tagk*) (la matinée : de 9 h à midi)
- **der Mittag** (*dèèr mi-tagk*) (le midi : de 12 h à 14 h)
- **der Nachmittag** (*dèèr nagh-mi-tagk*) (l'après-midi : de 14 h à 18 h)
- **der Abend** (*dèèr aa-bent*) (le soir/la soirée : de 18 h à minuit)
- **die Nacht** (*dii naght*) (la nuit : de minuit à 4 h)

Les plages de temps indiquées ci-dessus ne doivent évidemment pas être prises à la lettre, les gens pouvant avoir des notions un peu différentes du début et de la fin d'une période de la journée.

Les jours de la semaine

Les programmes des spectacles vous diront à quelles heures un film ou une pièce se joue tel ou tel jour, mais si vous ne connaissez pas les noms des jours de **die Woche** (*dii vo-ghe*) (la semaine), vous risquez de rater votre sortie.

Les noms des jours

Les jours de la semaine sont des noms tous masculins (**der**), mais on les utilise en général sans article. Par exemple, pour dire « aujourd'hui c'est lundi », vous dites **Heute ist Montag** (*h'oï-te ist môôn-tagk*). Voici les sept jours de la semaine :

- **Montag** (*môôn-tagk*) (lundi)
- **Dienstag** (*diins-tagk*) (mardi)
- **Mittwoch** (*mit-vogh*) (mercredi)
- **Donnerstag** (*do-ners-tagk*) (jeudi)
- **Freitag** (*fraï-tagk*) (vendredi)
- **Samstag/Sonnabend** (*zams-tagk/zon-aa-bent*) (samedi)
- **Sonntag** (*zon-tagk*) (dimanche)

La forme utilisée ci-après (il s'agit d'un adverbe, donc sans majuscule) sert à indiquer que quelque chose se passe toujours un jour particulier de la semaine. Par exemple, vous pouvez arriver devant un restaurant ou un musée et constater qu'il est fermé. Il peut y avoir sur la porte un écriteau avec la mention **montags geschlossen** (*môôn-tagks gue-shlo-sen*) (fermé le lundi) :

- **montags** (*môôn-tagks*) (le lundi)
- **dienstags** (*diins-tagks*) (le mardi)
- **mittwochs** (*mit-voghs*) (le mercredi)
- **donnerstags** (*do-ners-tagks*) (le jeudi)
- **freitags** (*fraï-tagks*) (le vendredi)
- **samstags/sonnabends** (*zams-tagks/zon-aa-bents*) (le samedi)
- **sonntags** (*zon-tagks*) (le dimanche)

Un jour par rapport à aujourd'hui

En allemand comme en français, vous n'évoquez pas systématiquement les jours en les appelant par leur nom. Si par exemple nous sommes lundi et si vous vous référez à un événement qui se passe le mardi, vous ne direz pas « c'est prévu pour mardi », mais « c'est prévu pour demain ». Voici les termes allemands correspondants :

- **heute** (*h'oï-te*) (aujourd'hui)
- **gestern** (*guès-tern*) (hier)
- **vorgestern** (*fôôr-guès-tern*) (avant-hier)
- **morgen** (*mor-guen*) (demain)
- **übermorgen** (*uu-ber-mor-guen*) (après-demain)

Et pour préciser le moment de la journée en même temps que le jour, vous pouvez combiner les mots précédents avec les noms figurant sous le titre « Les moments de la journée » plus haut dans ce chapitre. Voici quelques exemples :

- **heute Morgen** (*h'oï-te mor-guen*) (ce matin)
- **heute Vormittag** (*h'oï-te fôôr-mi-tagk*) (aujourd'hui dans la matinée)
- **gestern Abend** (*guès-tern aa-bent*) (hier soir)

Le calendrier et les dates

Pour faire des projets ou en discuter, il est souvent utile de préciser les dates. Vous devez non seulement connaître les mots correspondant aux diverses unités de temps (le jour, la semaine, le mois, l'année), mais aussi la manière particulière dont on donne la date. L'allemand présente à cet égard quelques différences par rapport au français.

Les unités du calendrier

Les phrases suivantes montrent la façon dont est structuré **der Kalender** (*dèèr ka-lèn-der*) (le calendrier) en allemand :

- **Ein Jahr hat 12 Monate.** (*aïn iaar h'at tsveulf môô-na-te*) (Une année a 12 mois.)

- **Ein Monat hat 30 oder 31 Tage.** (*aïn <u>môô</u>-nat h'at <u>draï</u>-sish <u>ôô</u>-der <u>aïn</u>-ount-draï-sish <u>taa</u>-gue*) (Un mois a 30 ou 31 jours.)
- **Der Februar hat 28 oder 29 Tage.** (*dèèr <u>féé</u>-brou-aar h'at <u>aght</u>-ount-tsvan-tsish <u>ôô</u>-der <u>noïn</u>-ount-tsvan-tsish <u>taa</u>-ge*) (Le mois de février a 28 ou 29 jours.)
- **Eine Woche hat 7 Tage.** (*<u>aï</u>-ne <u>vo</u>-ghe h'at <u>zii</u>-ben <u>taa</u>-gue*) (Une semaine a 7 jours.)

Notez une première différence entre la façon d'indiquer le temps en français et en allemand. Nous disons « le *mois de* février » mais en allemand on se dispense de préciser qu'il s'agit d'un mois : **der Februar.**

Les noms des mois

Voici la liste des noms de mois :

- **der Januar** (*dèèr <u>ia</u>-nou-aar*) (le mois de janvier)
- **der Februar** (*dèèr <u>féé</u>-brou-aar*) (le mois de février)
- **der März** (*dèèr mèrts*) (le mois de mars)
- **der April** (*dèèr aa-<u>pril</u>*) (le mois d'avril)
- **der Mai** (*dèèr maï*) (le mois de mai)
- **der Juni** (*dèèr <u>iouou</u>-nii*) (le mois de juin)
- **der Juli** (*dèèr <u>iouou</u>-lii*) (le mois de juillet)
- **der August** (*dèèr <u>aô</u>-goust*) (le mois d'août)
- **der September** (*dèèr zep-<u>tèm</u>-ber*) (le mois de septembre)
- **der Oktober** (*dèèr ôk-<u>tôô</u>-ber*) (le mois d'octobre)
- **der November** (*dèèr nô-<u>vèm</u>-ber*) (le mois de novembre)
- **der Dezember** (*dèèr déé-<u>tsèm</u>-ber*) (le mois de décembre)

Situer un événement dans un mois donné

Si quelque chose a lieu un certain mois, le nom du mois est précédé de **im** (*im*) (dans le), contraction de **in dem** (*in déém*), préposition **in** + datif de l'article **der** :

- **Ich fliege im Januar ab.** (*ich flii-gue im ia-nou-aar ap*) (Je pars en avion en janvier.)
- **Ich fliege im Februar zurück.** (*ich flii-gue im féé-brou-aar tsou-ruk*) (Je reviens par avion en février.)
- **Im März werde ich zu Hause sein.** (*im mèrts vèr-de ich tsou h'aô-ze zaïn*) (En mars je serai à la maison.)

Alors que le français supprime l'article devant le mois pour indiquer le mois d'une action ou d'un événement, l'allemand conserve l'article (avec contraction de la préposition et de l'article au datif) : **im Februar**, en février.

Indication d'une partie du mois

L'allemand et le français indiquent de la même façon qu'une action se produit dans une partie du mois : l'article disparaît.

- **Anfang Januar** (*an-fang ia-nou-aar*) (début janvier)
- **Mitte Februar** (*mi-te féé-brou-aar*) (mi-février)
- **Ende März** (*èn-de mèrts*) (fin mars)
- **Anfang April fliegen wir nach Berlin.** (*an-fang a-pril flii-guen viir nagh bèr-liin*) (Début avril nous allons en avion à Berlin.)
- **Ich werde Ende Mai verreisen.** (*ich vèr-de èn-de maï fer-raï-zen*) (Je partirai en voyage fin mai.)
- **Herr Behr wird Mitte Februar in Schiurlaub fahren.** (*h'èr béér virt mi-te féé-brou-aar in shii-our-laôp faa-ren*) (Monsieur Behr partira mi-février en vacances de ski.)

Dates seules

Les dates figurant dans un calendrier d'événements peuvent être plus ou moins compactes, comme en français.

 L'indication du quantième du mois diffère de deux façons en allemand et en français :

- L'allemand utilise toujours un nombre ordinal, du premier jour du mois au dernier, alors que le français indique le 1er du mois par un nombre ordinal, et les autres jours par un nombre cardinal : **erster Januar** = premier janvier ; **zehnter Juni** = dix juin.
- L'abréviation signalant un nombre ordinal en allemand est simplement un point. **1. Januar** = 1er janvier.

Tableau 3.1 : Dates en allemand, format long

Date	Expression	Prononciation
1. Januar 2000	erster Januar Zweitausend	*éérs-ter ia-nou-aar tsvaï-taô-zent*
10. Juni 1999	zehnter Juni Neunzehnhundert neunundneunzig	*tséén-ter iouou-nii noïn-tséén-h'oun-dert-noïn-unt-noïn-tsish*
20. März 1888	zwanzigster März Achtzehnhunder tachtundachtig	*tsvan-tsigk-ster mèrts aght-tséén-h'oun-dert-aght-ount-agh-tsish*

Le tableau 3.2 donne des exemples de date en format court.

Tableau 3.2 : Dates en allemand, format court

Date	Expression	Prononciation
1. 1. 2000	erster erster Zweitausend	*éér-ster éér-ster tsvaï-taô-zent*
2. 4. 1999	zweiter vierter Neunzehnhundert neunundneunzig	*tsvaï-ter fiir-ter noïn-tséén-h'oun-dert-noïn-ount-noïn-tzish*

Tableau 3.2 : Dates en allemand, format court

Date	Expression	Prononciation
3. 5. 1617	dritter fünfter Sechzehnhundert siebzehn	<u>dri</u>-ter <u>funf</u>-ter <u>zèch</u>-tséén-h'oun-dert-<u>ziip</u>-tséén

Le quantième du mois <u>doit</u> en allemand être indiqué par le nombre ordinal correspondant, et le mois <u>peut</u> être indiqué par le nombre ordinal correspondant au rang du mois dans l'année : **1. 1.** = **erster erster** = 1/1 = 1er janvier, **2. 12.** = **zweiter zwölfter** = 2/12 = 2 décembre.

Date du jour

Voici comment demander la date du jour, et la réponse obtenue :

- **Den Wievielten haben wir heute?** (*déén vi-<u>fiil</u>-ten h'<u>aa</u>-ben vir h'<u>oi</u>-te*) (Le combien sommes nous aujourd'hui ?)
- **Heute haben wir den 15. März.** (*h'<u>oi</u>-te h'<u>aa</u>-ben vir déén <u>funf</u>-tséén-ten mèrts*) (Aujourd'hui nous sommes le 15 mars.)

La même réponse peut être donnée sous la forme :

Heute ist der 15. März. (*h'<u>oï</u>-te ist der <u>funf</u>-tséén-te mèrts*) (Aujourd'hui c'est le 15 mars.)

Date d'un événement

Pour associer une date complète à un événement passé ou prévu, l'allemand utilise le mot **am**, contraction de la préposition **an** et de l'article **der** au datif : **am** = **an** + **dem**.

- **Johann Wolfgang von Goethe ist am 28. August 1749 geboren.** (*i<u>ôô</u>-h'an <u>volf</u>-gang fon <u>gueueu</u>-te ist am <u>aght</u>-ount-tsvan-tsish-sten <u>aô</u>-goust <u>ziib</u>-tséén-h'oun-dert-noïn-ount-<u>fiir</u>-tsigk gue-<u>bôô</u>-ren*) (Johann Wolfgang von Goethe est né le 28 août 1749.)

- **Meine Kinder werden mich am 25. Mai besuchen.** (_maï_-ne _kin_-der _vèr_-den mich am _funf_-ount-_tsvan_-tsish-sten maï be-_zouou_-ghen) (Mes enfants me rendront visite le 25 mai.)

Indication de l'année seule

Il y a deux façons d'indiquer seulement l'année d'un événement passé ou prévu :

- **im** (contraction de la préposition **in** et de l'article **das** au datif), suivi du mot **Jahr** : **im Jahr 2000** = **in dem Jahr 2000**.
- Mentionner seulement l'année : **2000**.

Voici deux exemples :

- **Im Jahr 2006 fährt Herr Diebold in die USA.** (_im iaar tsvaï_-taô-zent-zèks fèèrt h'èr _dii_-bolt in dii ou-ès-aa) (En 2006 Monsieur Diebold ira aux USA.)
- **Goethe ist 1832 gestorben.** (_gueueu_-te ist _aght_-tséé-h'oun-dert-tsvaï-ount-_draï_-sigk gue-_shtor_-ben) (Goethe est mort en 1832.)

Mots clés

das Jahr	das iaar	l'année
das Vierteljahr	das _fiir_-tel-iaar	le trimestre
der Monat	dèèr _môô_-nat	le mois
die Woche	dii _vo_-ghe	la semaine
der Tag	dèèr taagk	le jour
das Datum	das _daa_-toum	la date
der Kalender	dèèr ka-_lèn_-der	le calendrier

La monnaire unique vous permet de vous déplacer en Allemagne et en Autriche sans vous soucier désormais des questions de change, ni devoir conserver précieusement dans une boîte les pièces qui vous restent, en vue du voyage suivant. Grâce aux euros, ce chapitre est l'un des plus courts du livre. Il vous apporte néanmoins un peu de vocabulaire pour utiliser les automates bancaires, et pour régler certaines questions d'argent en Suisse alémanique.

Changer de l'argent

Vous pouvez bien sûr vous procurer des francs suisses en insérant votre carte bancaire dans n'importe quel (**der**) **Geldautomat** (_guèlt_-aô-tô-_maat_) (distributeur) helvétique, mais vous pouvez aussi changer vos euros dans un (**die**) **Wechselstube** (_vèk_-zel-shtouou-be) (bureau de change) ou une (**die**) **Bank** (bank) (banque). Un tableau [**die Tabelle** (dii ta-_bè_-le)] vous indique **die Kurse** (dii _kouour_-ze) [les cours, pluriel de **der Kurs** (_dèèr_ kouours) (le cours)]. Vous y trouverez le cours d'achat, celui qui vous intéresse, dans la colonne (**der**) **Ankauf** (_an_-kaôf) (achat).

Vous pourrez ensuite aller jusqu'au (**der**) **Schalter** (_shal_-ter) (guichet) pour vous délester de vos **Euros** (_oï_-rôôs) [euros, pluriel de **der Euro** (_dèèr_ _oï_-rôô) (l'euro)], et empocher en échange des **schweizerische Franken** (shvaï-tse-ri-she _fran_-ken) [francs suisses, pluriel de **der schweizerische Frank** (_dèèr_ _shvaï_-tse-ri-she frank) (le franc suisse)]. À moins que l'opération ne se déroule en deux temps, auquel cas vous devrez encore aller jusqu'à **die Kasse** (dii _ka_-se) (la caisse).

Quel que soit l'endroit où vous procédez à l'échange, vous aurez besoin des phrases suivantes :

- **Ich möchte. Euros in Franken einwechseln/tauschen.** (ich _meuch_-te ... _oï_-rôôs in _fran_-ken _aïn_-vèk-zeln/_taô_-shen) (Je voudrais changer des euros en francs.)
- **Wie ist der Wechselkurs?** (vii ist dèèr _vèk_-zel-kouours) (Quel est le taux de change ?)
- **Wie hoch sind die Gebühren?** (vii h'ôôgh zint dii gue-_buu_-ren) (Quel est le montant des frais ?)
- **Nehmen Sie Reiseschecks?** (_néé_-men zii _raï_-ze-shèks) (Prenez-vous les chèques de voyage ?)

Quand vous changez de l'argent, on peut vous demander de justifier de votre identité. Ce que vous ferez en montrant votre (**der**) **Reisepass** (_raï_-ze-pas) (passeport). Le guichetier vous demandera :

Können Sie sich ausweisen? (_keu_-nen zii zich _aôs_-vaï-zen) (Avez-vous une pièce d'identité ?)

Cette formalité accomplie, le guichetier peut vous demander sous quelle forme vous désirez l'argent :

Wie hätten Sie das Geld gern? (vii _h'è_-ten zii das guèlt guèrn) (Comment voudriez vous l'argent ?)

Et vous pourrez répondre :

In Zehnern/in Zwanzigern/in Fünfzigern/in Hundertern, bitte. (in _tséé_-nern/in _tsvan_-tsi-guern/in _funf_-tsi-guern/in _h'oun_-der-tern, _bi_-te) (En billets de dix/de vingt/de cinquante/de cent s'il vous plaît.)

Mots clés

Geldtauschen/wechseln	guèlt _taô_-shen/_vèk_-zeln	changer de l'argent
das Bargeld	das _bar_-guèlt	l'argent en espèces
in bar	in bar	en espèces
einen Reisescheck einlösen	_aï_-nen _raï_-ze-shèk _aïn_-leueu-zen	encaisser un chèque de voyage
eine Gebühr bezahlen	_aï_-ne ge-_buur_ be-_tsaa_-len	payer une commission
der Wechselkurs	dèèr _vèk_-zel-kouourz	le taux de change
sich ausweisen	zich _aôs_-vaï-zen	prouver son identité
der Ankauf	dèèr _an_-kaôf	l'achat
der Verkauf	dèèr ver-_kaôf_	la vente

Affinités lexicales

der Verkauf→	verkaufen (*fer-kaô-fen*) (vendre), **der Verkäufer/die Verkäuferin** (*der fer-koï-fer/dii fer-koï-fe-rin*) (le vendeur/la vendeuse), **kaufen** (*kaô-fen*) (acheter), **der Käufer** (*dèèr koï-fer*) (l'acheteur), **der Kaufmann** (*dèèr kaôf-man*) (le commerçant).
sich ausweisen→	**der Ausweis** (*dèèr aôs-vaïs*) (la pièce d'identité), **weisen** (*vaï-zen*) (montrer), **der Wegweiser** (*dèèr véég-vaï-zer*) (le poteau indicateur), **der Weise** (*dèèr vaï-ze*) (le sage), **die Weise** (*dii vaï-ze*) (la manière/la façon), **die Weisheit** (*dii vaïz-h'aït*) (la sagesse), **glücklicherweise** (*glu-kli-cher-vaï-ze*) (heureusement), **probeweise** (*prôô-be-vaï-ze*) (à titre d'essai), **löffelweise** (*leu-fel-vaï-ze*) (une cuillerée à la fois).
der Wechselkurs→	**der Kurs** (*dèèr kouourz*) (le cours, le cap [pour un navire]), **der Wechsel** (*dèèr vèk-zel*) (le changement, la lettre de change), **wechseln** (*vèk-zeln*) (changer), **wechselhaft** (*vèk-zel-h'aft*) (changeant), **verwechseln** (*fer-vèk-zeln*) (confondre [prendre une chose pour une autre]), **die Verwechslung** (*dii fer-vèk-zloung*) (la confusion [entre deux éléments]), **wechselweise** (*vèk-zel-vaï-ze*) (alternativement).
eine Gebühr bezahlen→	**die Zahl** (*dii tsaal*) (le nombre), **zahlreich** (*tsaal-raïch*) (nombreux), **zahllos** (*tsaal-lôôs*) (innombrable), **zahlen** (*tsaa-len*) (payer), **zählen** (*tsèè-len*) (compter), **erzählen** (*èr-tsèè-len*) (raconter), **die Erzählung** (*dii èr-tsèè-loung*) (le récit), **die Geschichte** (*dii ge-shich-te*) (l'histoire).
einen Reisescheck einlösen→	**die Reise** (*dii raï-ze*) (le voyage), **reisen** (*raï-zen*) (voyager), **verreisen** (*fer-raï-zen*) (partir en voyage), **die Abreise** (*dii ap-raï-ze*) (le départ en voyage), **der Reisende**

(dèèr raï-zen-de) (le voyageur), **einlösen** (aïn-leueu-zen) (encaisser), **los** (lôôs) (détaché/libre), **kinderlos** (kin-der-lôôs) (sans enfant), **arbeitslos** (ar-baïts-lôôs) (sans travail), **die Arbeitslosigkeit** (dii ar-baïts-lôô-sich-kaït) (le chômage), **lösen** (leueu-zen) (détacher/dissoudre/résoudre), **die Lösung** (dii leueu-zoung) (la solution [dans un fluide]/la solution [d'un problème]), **löslich** (leueus-lich) (soluble [dans un liquide]) **lösbar** (leueus-bar) (soluble [problème]).

Automates bancaires

En Allemagne comme presque partout dans le monde, vous pouvez retirer de l'argent d'un appareil appelé **der Geldautomat** (dèèr guèlt-aô-tô-maat) (le distributeur).

Certains de ces appareils vous servent en plusieurs langues, mais pas tous. Le langage utilisé est toujours assez simple, surtout à base d'infinitifs qui vous indiquent ce qu'on attend de vous. Par exemple :

- **Karte einführen** (kar-te aïn-fuu-ren) (introduire carte)
- **Sprache wählen** (shpra-ghe vèè-len) (choisir langue)
- **Geheimzahl eingeben** (gue-h'aïn-tsaal aïn-guéé-ben) (entrer code secret)
- **Betrag eingeben** (be-traagk aïn-guéé-ben) (entrer montant)
- **Betrag bestätigen** (be-traagk be-shtèè-ti-guen) (confirmer montant)
- **Karte entnehmen** (kar-te ènt-néé-men) (retirer carte)
- **Geldbetrag entnehmen** (guèlt-be-traagk ènt-néé-men) (retirer l'argent)

Votre transaction est terminée. Mais tout ne se passe pas toujours ainsi. L'appareil peut ne pas fonctionner, auquel cas vous lirez le message :

Geldautomat außer Betrieb. (_guèlt_-aô-tô-_maat_ _aô_-ser be-_triib_) (Distributeur hors service.)

Ou encore, il restituera votre carte sans vous donner d'argent, et vous pourriez alors recevoir le message :

Die Karte ist ungültig/Die Karte ist nicht zugelassen. (_dii kar_-te is _oun_-guul-tish/dii _kar_-te ist nicht _tsou_-gue-la-sen) (La carte n'est pas valable.La carte n'est pas acceptée.)

Lorsque l'appareil, après avoir avalé la carte, refuse de la restituer, il peut vous laisser ce message de consolation :

Die Karte wurde einbehalten. Bitte besuchen Sie uns am Schalter. (_dii kar_-te _vour_-de aïn-be-h'al-ten. _bi_-te be-_zouou_-chen zii ouns am _shal_-ter) (La carte a été retenue. Veuillez s'il vous plaît venir nous voir au guichet.)

L'impératif

Les distributeurs utilisent souvent des phrases directives, comme **Geheimzahl eingeben** (ge-_h'aïm_ tsaal _aïn_-guéé-ben) (Entrer code secret). Ces phrases ne sont pas très courtoises, mais elles économisent de la place. Une formule plus gracieuse serait :

Bitte geben Sie Ihre Geheimzahl ein. (_bi_-te _guéé_-ben zii _ii_-re gue-_h'aïm_-tsaal aïn) (Veuillez entrer votre code secret.)

Cette forme n'est autre que l'impératif au pluriel, que vous avez déjà rencontré à la fin du chapitre 10.

On peut aussi considérer l'emploi de l'infinitif comme une forme d'impératif, une manière concise de donner des instructions.

En entrant dans un bâtiment, par exemple, vous pouvez parfois voir sur la porte le verbe **ziehen** (_tsii_-en) (tirer) au moment où vous entrez, et le mot **drücken** (_dru_-ken) (pousser) quand vous sortez. Vous rencontrerez aussi quelquefois une invitation à fermer les portes, dans un bâtiment ou un train : **Türen schließen** (_tuu_-ren _shlii_-sen) (fermer les portes).

Chapitre 4

Se saluer et faire connaissance : petites conversations

Dans ce chapitre :
- S'adresser aux gens de manière formelle ou informelle
- Dire bonjour
- Les présentations
- S'informer sur les villes, les pays et les nationalités
- Dire au revoir
- Dire quelque chose sur soi-même
- Parler de sa famille
- Les articles, les pronoms possessifs
- Parler de la pluie et du beau temps

Les salutations et les présentations sont les premiers pas vers l'établissement d'un contact avec les autres, et ont d'autant plus d'importance que la première impression est souvent déterminante pour la suite du contact. Si vous ratez ces premiers pas, vous risquez de vous attirer un regard d'incompréhension et au pire, d'offenser sans le vouloir votre interlocuteur. Mais ne vous inquiétez surtout pas : de telles réactions sont rarissimes. Les germanophones font montre d'une extrême indulgence envers les personnes qui commencent seulement à parler leur langue.

Salutations formelles ou informelles

Les Allemands ont la réputation d'être formels. Ils sont en effet pointilleux quant à l'usage des titres. En outre, comme le français et bien d'autres langues sauf l'anglais, l'allemand fait la distinction entre le tutoiement : **du** (*dou*) (tu) et le vouvoiement, qui contrairement au français est représenté non par le pluriel de « tu » mais par le pluriel de il ou elle, **Sie** (*zii*) toujours écrit avec une majuscule pour le distinguer de son emploi classique (**sie**). Le **Sie** sert à la fois pour le vouvoiement au singulier et au pluriel.

En général, vous utilisez le **Sie** formel quand vous vous adressez à une personne à qui vous n'avez jamais été présenté ou à une personne plus âgée que vous. Quand vous connaissez mieux quelqu'un, vous pouvez passer au **du**. Il y a même un verbe, comme en français, pour l'utilisation de **du** : **duzen** (*dou-tseen*) (tutoyer). **Wir duzen uns** (*viir dou-tsen ouns*) (nous nous tutoyons). Le contraire de **duzen** est **siezen** : **Wir siezen uns** (*vir zii-tsen ouns*) (nous nous vouvoyons).

Cependant, il n'y a pas de règles fixes concernant l'usage de **du** ou **Sie**. Supposons par exemple que vous voyagez en Allemagne et que l'un de vos amis allemands vous emmène à une soirée. Bien que vous n'ayez jamais rencontré les gens qui y participent, ils peuvent très bien vous dire **du**, notamment si vous êtes assez jeune, et ils s'attendront à ce que vous leur disiez **du** également. Tout dépend de l'environnement dans lequel vous vous trouvez. Dans certains bureaux, les collègues se disent **du**, et dans d'autres, tout le monde s'en tient au **Sie** formel.

Si vous avez le moindre doute quant à l'utilisation de **du** ou **Sie**, utilisez **Sie** jusqu'à ce que la personne vous prie d'utiliser **du** ou s'adresse à vous avec **du**.

Chapitre 4 : Se saluer et faire connaissance

Salutations courantes

La première partie de la rencontre utilise un salut classique. La façon de saluer dépend du moment de la journée. Voici quelques formules courantes de salutation :

- **Guten Morgen!** (*gou-ten Mor-guen*) (Bonjour !) C'est le bonjour utilisé le matin (jusqu'à environ midi).
- **Guten Tag!** (*gou-ten taagk*) (Bonjour !) C'est la salutation la plus fréquemment utilisée, sauf tôt le matin et en fin de journée.
- **Guten Abend!** (*gou-ten aa-bent*) (Bonsoir !) À l'évidence, c'est le salut qui convient dans la soirée.
- **Gute Nacht!** (*gou-te naght*) (Bonne nuit !) C'est la salutation utilisée pour dire au revoir tard dans la soirée.
- **Auf Wiedersehen!** (*aôf vii-der-zé-en*) (Au revoir !) Convient à tout moment et dans toutes les circonstances, sauf au téléphone (voir chapitre 9).
- **Hallo!** (*h'a-lô*) (salut !) Salutation d'emploi général, plutôt familière, équivalente de l'anglais hello! et de l'américain hi!

Dire « Comment allez-vous ? »

La question « Comment allez-vous ? » est un élément important des salutations lors d'une rencontre. Cette question est généralement posée aussitôt après le bonjour initial. Vous l'utilisez dans la forme appropriée (tutoiement ou vouvoiement), selon la personne à qui vous vous adressez.

Avant d'aller plus loin dans la découverte des salutations et des présentations, il importe de savoir que les mots **ich** (*ich*) (je), **du** (*dou*) (tu), et **Sie** (*zii*) (vous, vouvoiement) peuvent changer de forme selon la façon dont ils sont employés dans une phrase. En allemand, demander « Comment va ? » et dire « Je vais bien. » demandent une autre forme des pronoms **ich**, **du** et **Sie** – la forme du datif. (Reportez-vous au chapitre 2 pour plus d'informations sur le cas du datif.)

Le tableau 4.1 vous montre comment marche le datif de ces pronoms.

Tableau 4.1 : Pronoms personnels, le datif

Pronom	Nominatif	Datif
je	**ich**	**mir**
tu	**du**	**dir**
vous	**Sie**	**Ihnen**

La version formelle de « comment allez vous ? » est

Wie geht es Ihnen? (*vii guéét ès ii-nen*) (Comment allez-vous ?)

M. Mme et pas Mlle

Herr (*h'èr*) est le mot allemand pour M. ou Monsieur, et (*fraô*) qui veut dire aussi « femme » correspond aussi bien à Madame ou Mme qu'à Mademoiselle ou Melle. Il n'y a pas d'abréviation pour **Frau**, mais il y en a une pour : **Fr.** L'allemand comporte aussi le mot (*froï-laïn*), qui a été longtemps utilisé comme la version allemande de Mademoiselle ou Melle, mais vous devez éviter de l'employer. Ce mot est le diminutif de **Frau**, il veut donc littéralement dire « petite femme ». De nombreuses femmes allemandes modernes s'offensent de se voir appeler , et par suite ce terme tombe en désuétude. Vous devez donc toujours vous adresser à une femme par **Frau**, quels que soient son âge et sa situation matrimoniale.

Chapitre 4 : Se saluer et faire connaissance

La traduction littérale de l'expression allemande est en fait proche de l'expression familière « Comment ça va ? », à laquelle on ajoute **Ihnen**, de sorte qu'elle se traduirait par « Comment ça va à vous ? »

Si vous employez le tutoiement, vous dites

Wie geht es dir? (*vii guéét ès diir*) (Comment vas-tu ?)

Ce qui veut dire la même chose mais en utilisant **dir.**

Et si vous connaissez quelqu'un vraiment bien, vous pouvez vous en tenir à la version la plus informelle de la question :

Wie geht's? (*vii guééts*) (Comment va ?)

Répondre à « Comment allez-vous ? »

En allemand, la question « comment allez-vous ? » n'est pas seulement une façon de dire bonjour, elle doit comporter une réponse, comme d'ailleurs en français (alors qu'en anglais la réponse est généralement considérée comme superflue). Voici quelques réponses appropriées :

- **Danke, gut.** (*dang-ke, gouout*) (Merci, je vais bien.) / **Gut, danke.** (Bien, merci.)
- **Sehr gut.** (*zéér gouout*) (Très bien.)
- **Ganz gut.** (*gants gouout*) (Assez bien.)
- **Es geht.** (*ès guéét*) (À peu près.) L'expression allemande veut dire « Ça va », impliquant que cela pourrait aller mieux.
- **Nicht so gut.** (*nicht zôô gouout*) (Pas très bien.)

Comme en français, la réponse serait habituellement accompagnée de la question « Et (comment allez-)vous ? » Voici d'abord la version formelle :

Und Ihnen? (*ount ii-nen*) (Et vous ?)

Et voici maintenant la question dans le cas du tutoiement :

Und dir? (*ount diir*) (Et toi ?)

Salutations, embrassades et poignées de main

Les salutations et les présentations s'accompagnent souvent d'une forme ou d'une autre de contact physique. En Allemagne, en Autriche et en Suisse, la poignée de main – **der Händedruck** (*dèèr hèèn-de-drouk*) – est la forme la plus courante de contact réalisé en se saluant ou en se présentant. Les amies s'embrassent – **küssen sich** (*ku-sen zich*) – souvent sur une joue (il est moins courant de s'embrasser sur les deux joues) ou s'étreignent l'une l'autre – **umarmen einander** (*oum-ar-men aï-nan-der*). Les hommes ne s'embrassent pas et s'étreignent rarement, bien qu'ils puisse saluer une amie en la serrant dans leurs bras (et en lui donnant un baiser). En Allemagne, ce genre de contact n'est concevable qu'entre très bons amis

Se présenter ou présenter ses amis

Les rencontres et les salutations impliquent souvent des présentations. Vous pouvez être accompagné d'amis quand vous rencontrez quelqu'un, ou bien vous pouvez avoir à présenter votre femme ou votre mari à votre patron à l'occasion d'une invitation à dîner formelle. Dans certaines occasions, il n'y a personne pour vous présenter, et vous devez le faire vous-même.

Présenter ses amis

Les présentations banales, de tous les jours, sont faciles à faire. Vous avez seulement besoin des mots

Das ist... (*das ist*) (Voici...)

Puis vous ajoutez simplement le nom de la personne. Pour préciser qu'il s'agit d'un de vos amis ou de l'une de vos amies, vous dites

Das ist meine Freundin (f)/**mein Freund** (m)... (*das ist maï-ne froïn-din/maïn froïnt*) (Voici mon ami[e]...)

Si vous êtes présenté(e) à quelqu'un, vous pouvez vouloir dire quelque chose comme « enchanté ». En allemand, il n'y a pas de façon vraiment simple de le dire, et si les présentations ont été informelles, la meilleure solution est de répondre par « **Hallo** » ou « **Guten Tag** ».

Si les présentations ont été légèrement plus formelles, vous pouvez dire

Freut mich. (*froït mich*) (Très heureux.)

La personne à qui vous avez été présenté(e) peut répondre alors

Mich auch. (*mich aôgh*) (Moi de même.)

Présentation dans des occasions très spéciales

Vous pourriez vous trouver dans une situation qui requiert un niveau élevé de formalité. Voici des expressions que vous pourriez alors utiliser :

- **Darf ich Ihnen... vorstellen?** (*darf ich ii-nen ... fôôr-shtè-len*) (Puis-je vous présenter ... ?)
- **Freut mich, Sie kennenzulernen.** (*froït mich zii kè-nen-tsou-lèr-nen*) (Je suis heureux de faire votre connaissance.)
- **Meinerseits.** (*maï-ner-zaïts*)/**ganz meinerseits.** (*gantz maï-ner-zaïts*) (Moi de même.)

« Moi de même » n'est pas la traduction littérale de **meinerseits**, qui veut dire « de mon côté », et sous-entend « tout le plaisir est pour moi. »

Mots clés

auch	aôgh	aussi
ganz	gants	tout à fait
gut	gouout	bon/bien
sehr	zéér	très
freuen	froï-en	réjouir
gehen	gué-en	aller
kennenlernen	kè-nen-lèr-nen	faire la connaissance de
vorstellen	fôôr-shtè-len	présenter
der Freund	dèr froïnt	l'ami
die Freundin	dii froïn-din	l'amie

Affinités lexicales

der Freund →	**freundlich** (*froïnd-lich*) (amical), **unfreundlich** (*oun-froïnd-lich*) (inamical), **die Freundschaft** (*dii froïnd-shaft*) (l'amitié).
vorstellen →	**sich vorstellen** (*zich fôôr-shtè-len*) (se présenter), **sich etwas vorstellen** (*zich èt-vas fôôr-shtè-len*) (se représenter quelque chose), **stellen** (*shtè-len*) (poser/placer), **die Stelle** (*dii shtè-le*) (l'endroit/la place), **die Stellung** (*dii shtè-loung*) (la position), **Stellung nehmen** (*shtè-loung néé-men*) (prendre position), **die Stellungnahme** (*dii shtè-loung-naa-me*) (la prise de position).
freuen →	**froh** (*frôô*) (joyeux/content), **sich freuen** (*zich froï-en*) (se réjouir), **die Freude** (*dii froï-de*) (la joie).
gut →	**die Güte** (*dii guu-te*) (la bonté), **das Gut** (*das gouout*) (le bien/la possession).

Se présenter soi-même

Il peut y avoir des situations où vous ne pouvez compter sur personne pour vous présenter et où vous devez vous présenter vous-même. C'est très facile, puisque les gens se présentent souvent en indiquant simplement leur nom, même dans un contexte formel.

En allemand, il y a deux façon de dire son nom à d'autres personnes. L'une d'elle est

Mein Name ist... (*maïn naa-me ist*) (Mon nom est...)

Il existe aussi un verbe exprimant la même idée, **heißen** (*h'aï-sen*) (s'appeler) :

Ich heiße... (*ich h'aï-se*) (Je m'appelle...)

Les villes, les pays et les nationalités

Se présenter est un bon début, mais ne constitue pas encore une conversation, qui est le seul moyen pour faire vraiment connaissance. Comme beaucoup d'autres pays d'Europe, les pays germanophones accueillent de nombreuses personnes venant d'un peu partout. Dans cette section, vous apprenez à dire aux gens de quelle ville ou de quel pays vous êtes et à leur demander d'où ils viennent et quelles langues ils parlent.

Dire aux gens d'où vous êtes

Il est facile de dire d'où vous êtes en allemand – les mots magiques sont :

Ich komme aus ... (*ich ko-me aôs*) (Je viens de...)

Ich bin aus ... (*ich bin aôs*) (Je suis de...)

Ces quelques mots vous feront beaucoup d'usage. Ils conviennent pour des pays, des États, des régions ou des villes.

- **Ich komme aus Frankreich.** (*ich ko-me aôs frank-raïch*) (Je viens de France.)
- **Ich bin aus der Bretagne.** (*ich bin aôs dèr bre-ta-gne*) (Je viens de Bretagne.)
- **Ich komme aus Zürich.** (*ich ko-me aôs tsuu-rich*) (Je viens de Zurich.)
- **Ich bin aus Wien.** (*ich bin aôs viin*) (Je suis de Vienne.)

Certains noms de pays sont accompagnés d'un article défini comportant un genre (**der Irak, die Bretagne, das Elsaß**), d'autres ne comportent pas d'article (**Dänemark, Deutschland, Frankreich**), et quelques-uns sont au pluriel, comme les USA, qui se disent en allemand **die USA** (*dii ou-ès-aa*) ou **die Vereinigten Staaten** (*dii fer-aï-nik-ten shtaa-ten*) (les États-Unis). Pour simplifier les choses, un Américain dirait sans doute **Ich bin aus Amerika.** (*ich bin aôs a-méé-ri-ka*) (Je suis d'Amérique.), mais pour être plus précis, il dirait **Ich bin aus den USA** (*ich bin aôs déén ou-ès-aa*) (Je suis des USA.) ou mieux encore **Ich bin aus den Vereinigten Staaten.** (*ich bin aôs déén fer-aï-nik-ten shtaa-ten*) (Je suis des États-Unis.). Plus loin dans ce chapitre, nous rencontrerons une dame de nationalité suisse, **Frau Egli**. Son pays est du genre féminin : **die Schweiz**. Pour dire d'où vient Mme Egli, vous devez dire **Frau Egli ist aus der Schweiz.** (*fraô éé-gli ist aôs dèr shvaïts*) (Mme Egli vient de Suisse.).

Sein : le verbe être

L'un des verbes fondamentaux de toute langue est le verbe « être », en allemand, **sein** (*zaïn*). Vous utilisez ce verbe dans les expressions **das ist** (*das ist*) (c'est/voici) et **ich bin** (*ich bin*) (je suis). **Sein** est l'un des verbes les plus courants en allemand. Comme le verbe être en français, il sert à décrire d'innombrables états (être malade, triste, heureux, etc.), des caractéristiques physiques (être grand, chevelu, etc.) et naturellement, c'est un verbe irrégulier, dont il convient de mémoriser les différentes formes.

Conjugaison	*Prononciation*
ich bin	*ich bin*
du bist	*dou bist*
Sie sind (vouvoiement au singulier)	*zii zint*
er, sie, es ist	*èr, zii zint*
wir sind	*vir zint*
ihr seid (tutoiement au pluriel)	*iir zaït*
Sie sind (vouvoiement au pluriel)	*zii zint*
sie sind	*zii zint*

Demander aux gens d'où ils viennent

Pour demander à quelqu'un d'où il vient, il suffit de décider si vous le vouvoyez (**Sie**) ou si vous le tutoyez (**du**) – et s'il y a plusieurs personnes que vous tutoyez, vous emploierez **ihr**. Vous choisissez ensuite entre les trois questions suivantes :

- **Wo kommen Sie her?** (*vôô ko-men zii h'èr*)
- **Wo kommst du her?** (*vôô komst dou h'èr*)
- **Wo kommt ihr her?** (*vôô komt iir h'èr*)

Kommen : venir

Le verbe **kommen** (*ko-men*) (venir) est un verbe que vous entendrez souvent en allemand. C'est un verbe fort, c'est-à-dire irrégulier, mais comme certains autres verbes forts, il se conjugue au présent de l'indicatif de la même manière que les verbes faibles.

Conjugaison	*Prononciation*
ich komme	*ich ko-me*
du kommst	*dou komst*
Conjugaison	*Prononciation*
Sie kommen (vouvoiement au singulier)	*zii ko-men*

er, sie, es kommt	*èèr, zii, es <u>ko</u>-mt*
wir kommen	*viir <u>ko</u>-men*
ihr kommt (tutoiement au pluriel)	*iir komt*
Sie kommen (vouvoiement au pluriel)	*zii <u>ko</u>-men*
sie kommen	*zii <u>ko</u>-men*

Les nationalités

Contrairement au français, qui indique la nationalité par l'adjectif correspondant au pays (elle est française, je suis belge), l'allemand indique la nationalité par un nom, dont la forme diffère selon le sexe de la personne concernée. Une personne de nationalité américaine est **Amerikaner** (*a-méé-ri-<u>kaa</u>-ner*) ([un] Américain) si elle est de sexe masculin, **Amerikanerin** (*a-méé-ri-<u>kaa</u>-ne-rin*) ([une] Américaine) si elle est de sexe féminin.

Le tableau 4.2 liste les noms de quelques pays en indiquant la désignation de leurs ressortissants et les adjectifs correspondants.

Tableau 4.2 : Noms de pays, noms et adjectifs de nationalité

Français	*Allemand*	*Nom*	*Adjectif*
Allemagne	**Deutschland** (*<u>doïtsh</u>-land*)	**Deutsche(r)** (*<u>doït</u>-she[r]*)	**deutsch** (*doïtsh*)
Angleterre	**England** (*<u>èng</u>-land*)	**Engländer(in)** (*<u>èng</u>-lèèn-der[in]*)	**englisch** (*<u>eng</u>-lish*)
Autriche	**Österreich** (*<u>eueu</u>-ster-raïch*)	**Österreicher(in)** (*<u>eueu</u>-ster-<u>raï</u>-cher[in]*)	**österreichisch** (*<u>eueu</u>-ster-<u>raï</u>-chish*)
Belgique	**Belgien** (*<u>bèl</u>-guien*)	**Belgier(in)** (*<u>bèl</u>-gui-er[in]*)	**belgisch** (*<u>bèl</u>-guish*)
France	**Frankreich** (*<u>frank</u>-raïch*)	**Franzose/ Französin** (*fran-<u>tsô</u>-ze/ fran-<u>tseueu</u>-zin*)	**französisch** (*fran-<u>tseueu</u>-zish*)

Tableau 4.2 : Noms de pays, noms et adjectifs de nationalité

Français	Allemand	Nom	Adjectif
Italie	**Italien** (i-<u>taa</u>-li-en)	**Italiener(in)** (i-taa-<u>liéé</u>-ner[in])	**italienisch** (i-taa-<u>liéé</u>-nish)
Suisse	**die Schweiz** (dii shvaïts)	**Schweizer(in)** (<u>shvaï</u>-tser[in])	**schweizerisch** (<u>shvaï</u>-tse-rish)
USA	**die USA** (dii ou-ès-<u>aa</u>)	**Amerikaner(in)** (a-méé-ri-<u>kaa</u>-ner[in])	**amerikanisch** (a-méé-ri-<u>kaa</u>-nish)

Voici quelques exemples de l'utilisation de ces termes :

- **Frau Myers ist Amerikanerin.** (fraô maïez ist a-méé-ri-<u>kaa</u>-ne-rin) (Mme Myers est américaine.)
- **Michelle ist Französin.** (mii-<u>shèèl</u> ist fran-<u>tseueu</u>-zin) (Michelle est française.)
- **Ich bin Schweizerin.** (ich bin <u>shvaï</u>-tse-rin) (Je suis suisse.)
- **Ich bin Österreicher.** (ich bin <u>eueu</u>-ste-raï-cher) (Je suis autrichien.)

Quelles langues parlez-vous ?

Pour indiquer aux gens la langue que vous parlez, vous utilisez le verbe **sprechen** (<u>shprè</u>-chen) (parler) et vous le combinez avec un nom de langue (voir sur le tableau 4.2 une liste de noms de langue courants). Mais attention : l'adjectif et la langue sont identiques pour un pays ou une nationalité, mais l'adjectif commence par une majuscule quand il est utilisé seul pour indiquer la langue, et donc vous diriez :

Ich spreche Deutsch. (ich <u>shprè</u>-che doïtsh) (Je parle allemand.)

Pour demander à quelqu'un s'il parle français, vous lui dites, si vous le tutoyez :

Sprichst du Französisch? (*shprichst dou fran-tseueu-zish*) (Parles-tu français ?)

Et si vous le vouvoyez :

Sprechen Sie Französisch? (*shprè-chen zii fran-tseueu-zish*) (Parlez-vous français ?)

Voici la conjugaison du verbe **sprechen** :

Conjugaison	*Prononciation*
ich spreche	*ich shprè-che*
du sprichst	*dou shprichst*
Sie sprechen (vouvoiement)	*zii shprè-chen*
er, sie, es spricht	*èèr, zii, ès shpricht*
wir sprechen	*viir shprè-chen*
ihr sprecht (tutoiement au pluriel)	*iir shprècht*
Sie sprechen (vouvoiement au pluriel)	*zii shprè-chen*
sie sprechen	*zii shprè-chen*

Dire au revoir

Quand il est temps de s'en aller, vous pouvez dire (expression formelle) :

Auf Wiedersehen! (*aôf vii-der-sé-en*) (Au revoir !)

ou utiliser l'expression familière :

Tschüs! (*tshuus*) (salut !)

Et si vous voulez dire « Je suis content d'avoir fait votre connaissance. », l'expression à utiliser est :

War nett, Sie kennenzulernen. (*vaar nèt zii kèn-nen-tsou-ler-nen*) (mot à mot : [C']était sympa de faire votre connaissance.)

Mots clés

einfach	aïn-fagh	facile/simple
groß	grôôs	grand
interessant	in-té-rè-sant	intéressant
klein	klaïn	petit
schön	sheueun	beau/belle
aber	aa-ber	mais
ein bisschen	aïn bis-chen	un petit peu
gar nicht	gar nicht	pas du tout
nie	nii	jamais
sein	zaïn	être
sprechen	shprè-chen	parler
ich weiß nicht	ich vaïs nicht	je ne sais pas

Affinités lexicales

ich weiß nicht →	**wissen** (*vi-sen*) (savoir), **gewiss** (*gue-vis*) (bien sûr/assurément [adv] ou certain [adj]), **das Gewissen** (*das gue-vi-sen*) (la conscience), **die Wissenschaft** (*dii vi-sen-shaft*) (la science), **der Wissenschaftler** (*dèèr vi-sen-shaft-ler*) (le scientifique), **die Wissenschaftlerin** (*dii vi-sen-shaft-le-rin*) (la scientifique).
sprechen →	**die Sprache** (*dii shpraa-ghe*) (la langue), **die Sprechstunde** (*dii shprèch-shtoun-de*) (l'heure réservée aux consultations [notamment médicales], **zweisprachig** (*tsvaï-shpraa-ghish*) (bilingue).
sein →	**das Dasein** (*das da-zaïn*) (l'existence/le destin)
nie →	**niemals** (*nii-mals*) (jamais), **nimmer** (*ni-mer*) (jamais), **nimmermehr** (*ni-mer-méér*)

	(plus jamais), **nirgends** (<u>nir</u>-guents) (nulle part), **niemand** (<u>nii</u>-mant) (personne ne...)
schön →	**die Schönheit** (dii <u>sheueun</u>-h'aït) (la beauté), **wunderschön** (<u>voun</u>-der-sheueun) (merveilleux).

Tu dis « Hallo » et je dis « Grüezi »

Vous serez parfaitement compris dans la partie germanophone de la Suisse et en Autriche en disant simplement **hallo** dans les situations non formelles ou si vous saluez les gens en disant **Guten Morgen/Guten Tag/Guten Abend** (selon le moment de la journée). Cependant, les résidents de ces régions utilisent d'autres salutations.

En Suisse, vous entendez plus souvent **Grüezi** (<u>gruu</u>-e-tzii), qui veut dire littéralement « je te salue. » Et entre des gens qui se connaissent bien, le mot **salü** (sa-<u>lu</u>) est assez courant.

En Allemagne du Sud et en Autriche, vous saluez les gens en disant **Grüß Gott** (<u>gruus</u> got) ou vous utilisez le terme plus familier **servus** (<u>zèr</u>-vous), qui veut dire « votre serviteur ».

En Suisse, vous dites **Auf Wiedersehen**, mais vous pouvez aussi essayer l'expression dialectale **Uff wiederluege** (ouf <u>vii</u>-der-lu-e-gue). Vous pouvez aussi dire **ade** (<u>aa</u>-de), un peu moins formel, assez répandu et plus facile à prononcer et à mémoriser.

Si vous voulez vraiment faire la connaissance de quelqu'un, vous devez entamer une conversation. Une conversation informelle sur des sujets qui sont communs à tout le monde est une bonne façon d'améliorer votre allemand, de connaître un peu mieux vos interlocuteurs et de vous préparer à aborder des conversations plus complexes. La maîtrise de ce genre de conversation n'exige aucun don particulier ni une très bonne connaissance de la langue.

Qu'il s'agisse d'une personne rencontrée à une soirée, ou que vous ayez envie de parler à la personne assise à côté de vous dans le train, l'avion ou le bus, il y a trois sujets qui marchent toujours pour commencer : vous-même, votre famille et bien sûr, le temps.

Parler de soi

Quel genre de travail faites-vous ? Êtes-vous étudiant ? Où habitez-vous ? Quels sont votre adresse et votre numéro de téléphone ? Voici les questions qui se posent et auxquelles vous pouvez répondre quand vous parlez de vous-même.

Décrire son travail

Quelques expressions simples suffisent pour décrire votre job et ceux qui vous entourent.

Dans la plupart des cas, vous pouvez décrire le type de travail que vous faites en raccordant **Ich bin** (*ich bin*) (Je suis) au nom de votre profession, sans aucun article. Les noms de la plupart des professions et des métiers existent en une version masculine et une version féminine. La version masculine se termine en **-er**, et la version féminine en **-in**. Par exemple :

- **Ich bin Buchhalter** (m)/**Buchhalerin** (f). (*ich bin bouough-h'al-ter/bouough-h'al-te-rin*) (Je suis comptable.)
- **Ich bin Student** (m)/**Studentin** (f). (*ich bin shtou-dènt/shtou-dèn-tin*) (Je suis étudiant/étudiante.)

Si vous êtes étudiant(e), vous pouvez communiquer ce que vous étudiez. Vous le faites avec l'expression **Ich studiere** (*ich shtou-dii-re*) (J'étudie.). À la fin de la phrase, vous fournissez le nom de votre domaine d'étude (sans article), selon le modèle :

Ich studiere Architektur. (*ich shtou-dii-re ar-chi-tèk-touour*)

Voici quelques domaines d'étude :

- ✔ **(die) Architektur** (*dii ar-chi-tèk-touour*) (l'architecture)
- ✔ **(die) Betriebswirtschaft** (*dii be-triibs-virt-shaft*) (l'économie d'entreprise)
- ✔ **Jura** [nom neutre au pluriel = les droits] (*iouou-ra*) (le droit)
- ✔ **(die) Kunst** (*kounst*) (l'art)
- ✔ **(die) Literaturwissenschaft** (*li-té-ra-touour-vi-sen-shaft*) (la littérature)
- ✔ **(die) Medizin** (*mè-di-tsiin*) (la médecine)

Dans d'autres cas, vous décrivez votre travail par les mots **ich bin** (*ich bin*) (je suis), suivi de l'adjectif approprié. Par exemple :

- ✔ **Ich bin pensioniert.** (*ich bin pèn-zio-niert*) (Je suis retraité.)
- ✔ **Ich bin angestellt.** (*ich bin an-gue-shtèlt*) (Je suis employé.)
- ✔ **Ich bin geschäftlich unterwegs.** (*ich bin gue-shèft-lich oun-ter-véégs*) (Je voyage pour affaires.)
- ✔ **Ich bin selbständig.** (*ich bin zèlp-shtèn-dish*) (Je travaille en indépendant.)

L'endroit où vous travaillez a presque autant d'importance que le travail que vous faites. Les mots **Ich arbeite bei** (*ich ar-baï-te baï*) (Je travaille chez) disent en substance où vous passez le plus clair de votre temps. Dans certains cas, il convient de substituer une autre préposition à **bei**. Par exemple :

- ✔ **Ich arbeite bei der Firma...** (*ich ar-baï-te bei dèr fir-ma*) (Je travaille dans la société...) Après le mot **Firma**, vous insérez simplement le nom de la société pour laquelle vous travaillez.
- ✔ **Ich arbeite im Büro Steiner.** (*ich ar-baï-te im buu-rôô shtaï-ner*) (Je travaille au Bureau Steiner.)

Le mot **Büro** est utilisé en relation avec le nom de la société pour laquelle vous travaillez et est réservé aux sociétés plus petites. Si vous ne vous attendez pas à ce que les gens sachent quelles sont les activités de votre société, vous utilisez un nom composé (avec l'article indéfini) pour décrire le genre de bureau dont il s'agit, par exemple :

Ich arbeite in einem Ingenieurbüro / Architekturbüro. (*ich ar-baï-te in aï-nem in-jéé-nieueur-buu-rôô/ar-chi-tèk-touour-buu-rôô*) (Je travaille dans un bureau d'ingénieurs/d'architecture.)

Avant que vous n'ayez lancé la conversation sur ce sujet, quelqu'un peut vous demandez ce que vous faites dans la vie. On peut vous poser l'une des questions suivantes :

- **Bei welcher Firma arbeiten Sie?** (*baï vèl-cher fir-ma ar-baï-ten zii*) (Dans quelle société travaillez-vous ?)
- **Was machen Sie beruflich?** (*vas ma-ghen zii be-rououf-lich*) (Que faites-vous professionnellement ?)
- **Sind Sie berufstätig?** (*zint zii be-rououfs-téé-tish*) (Exercez-vous une profession ?)

Donner à quelqu'un son adresse et son numéro de téléphone

Dire à des gens où vous habitez et leur dire comment vous contacter peut être le moyen de prolonger des contacts occasionnels.

Dire où vous habitez

Si quelqu'un vous demande **Wo wohnen Sie?** (*vôô vôô-nen zii*) (Où habitez-vous ?) vous pouvez répondre par l'une de ces formules :

- **Ich wohne in Berlin.** (*ich vôô-ne in ber-liin*) (J'habite à Berlin.)
- **Ich wohne in der Stadt/auf dem Land.** (*ich vôô-ne in dèr shtat/aôf déém land*) (J'habite en ville/à la campagne.)
- **Ich habe ein Haus/eine Wohnung.** (*ich h'aa-be aïn h'aôs/aï-ne vôô-noung*) (J'ai une maison/un appartement.)

Dans certaines circonstances, quelqu'un peut vous demander **Wie ist Ihre Adresse?** (*vii ist ii-re a-drè-se*) (Quelle est votre adresse ?). À ce stade, vous avez besoin de connaître les mots suivants :

- **Die Adresse** (*dii a-drè-se*) (l'adresse)
- **die Straße** (*dii shtraa-se*) (la rue)
- **die Hausnummer** (*dii h'aôs-nou-mer*) (le numéro de la maison)
- **die Postleitzahl** (*dii post-laït-tsaal*) (le code postal)

Le moment venu, vous pouvez substituer le mot approprié dans la phrase suivante : **Die Adresse/die Straße/die Hausnummer/die Postleitzahl ist ...** (*dii a-drè-se/shtraa-se/h'aôs-nou-mer/post-laït-tsaal*) (L'adresse/la rue/le numéro de la maison/le code postal est...).

Donner votre numéro de téléphone

Que vous parliez de choses et d'autres avec une nouvelle connaissance ou que vous traitiez une affaire, vous aurez tôt ou tard à indiquer votre numéro de téléphone. Connaître les mots suivants vous aidera à fournir cette indication :

- **die Telefonnummer** (*dii té-lé-fôôn-nou-mer*) (le numéro de téléphone)
- **die Vorwahl** (*dii vôôr-vaal*) (le préfixe)

Voici la phrase très simple à utiliser **Die Telefonnummer/die Vorwahl ist...** (*dii té-lé-fôôn-nu-mer/dii vôôr-vaal ist...*) (Le numéro de téléphone/préfixe est...).

Remettre votre carte de visite

Parfois une carte de visite vaut mieux qu'un long discours. Si vous avez la chance d'avoir votre carte de visite sur vous, vous pouvez vous épargner bien des complications en la présentant avec les mots : **Hier ist meine Karte.** (*h'iir ist maï-ne kar-te*) (Voici ma carte.)

Les noms et leurs articles

En allemand, tout nom possède un genre, et ce genre peut être l'un des trois suivants :

- Masculin : **der** (*dèèr*)
- Féminin : **die** (*dii*)
- Neutre : **das** (*das*)

Au pluriel, les noms conservent leur genre, mais l'article défini n'a plus qu'une seule forme indépendamment du genre : **die** (*dii*).

En allemand comme en français, le sens d'un nom ne permet guère de prévoir son genre. Pis encore, vous avez deux chances sur trois de vous tromper en choisissant un genre au hasard, puisqu'il y en a trois (au lieu de deux en français). Et n'allez pas imaginer que les noms de même sens dans les deux langues ont aussi le même genre. Certains ont le même genre (l'arbre se dit **der Baum** (*dèèr baôm*), d'autres un genre différent (le soleil se dit **die Sonne** (*dii zo-ne*). Il vaut donc mieux mémoriser le genre de chacun des noms allemands que vous apprenez. Les seules règles de bon sens qui peuvent vous guider sont :

- Les noms relatifs à des personnes de sexe masculin sont habituellement masculins : **der Bäcker** (*dèèr bè-ker*) (le boulanger). Il en existe presque toujours une version féminine, différent de la version masculine par la terminaison **-in** : **die Bäckerin** (*dii bè-ke-rin*) (la boulangère).
- Les noms relatifs à des personnes de sexe féminin sont habituellement féminins : **die Hebamme** (*dii h'ééb-a-me*) (la sage-femme).

L'article indéfini comporte lui aussi trois genres, mais son utilisation est moins problématique que celle de l'article défini, car sa forme – à tous les cas sauf l'accusatif, voir chapitre 2 – est la même pour le masculin et le neutre :

- **Pour les noms masculins :** utilisez simplement **ein** (*aïn*). Par exemple, **ein Name** (*aïn naa-me*) (un nom), **ein Beruf** (*aïn be-rouof*) (une profession) et **ein Architekt** (*aïn ar-chii-tèkt*) (un architecte).

- **Pour les noms neutres :** vous utilisez également **ein** : **ein Büro** (*aïn buu-rôô*) (un bureau), **ein Haus** (*aïn h'aôs*) (une maison), **ein Geschäft** (*aïn gue-shèft*) (un magasin).
- **Pour les noms féminins :** vous ajoutez un **e** à **ein**, qui devient **eine** (*aï-ne*). Par exemple, **eine Firma** (*aï-ne fir-ma*) (une société), **eine Adresse** (*aï-ne aa-drè-se*) (une adresse), **eine Architektin** (*aï-ne ar-chi-tèk-tin*) (une architecte).

Noms composés

L'allemand est réputé, et redouté, pour ses noms très longs. Mais ils ne sont pas aussi incompréhensibles qu'ils en ont l'air. La plupart de ces noms de grande longueur ne sont que des mots plus courts liés les uns aux autres. Si vous reconnaissez les composants d'un nom très long, vous pouvez deviner sa signification sans consulter un dictionnaire. Un bon exemple est le mot **Postleitzahl** (*post-laït-tsaal*). Il comprend les composants **Post** (*post*) (poste), **leit** (*laït*) (guide) et **Zahl** (*tsaal*) (nombre), qui se combinent pour signifier un « nombre guidant la poste » – un code postal.

Le livre ne vous demande pas de mémoriser toutes les terminaisons de tous les articles aux différents cas. Il vous dira exactement quelle forme d'article utiliser dans les différentes phrases ou expressions qu'il comporte. Pour comprendre comment marchent les déclinaisons et comment elles affectent les terminaisons des articles, vous pouvez vous référer à la section du chapitre 2 dédiée aux articles.

Affinités lexicales

leider →	**es tut mir leid** (*ès touout mir laït*) (je suis désolé), **das Leid** (*das laït*) (le chagrin/la douleur morale), **leiden** (*laï-den*) (souffrir), **die Leidenschaft** (*dii laï-den-shaft*) (la passion), **leidenschaftlich** (*laï-den-shaft-lich*) (passionné/passionnément).

Chapitre 4 : Se saluer et faire connaissance *101*

geben →	**die Gabe** (*dii <u>gaa</u>-be*) (le don/le talent), **begabt** (*be-<u>gaapt</u>*) (doué/talentueux), **vergeben** (*fer-<u>guéé</u>-ben*) (distribuer/attribuer/pardonner), **vergeblich** (*fer-<u>guéé</u>-blich*) (en vain, sans résultat), **ausgeben** (*<u>aôs</u>-guéé-ben*) (dépenser), **die Ausgabe** (*dii <u>aôs</u>-gaa-be*) (la dépense).
fragen →	**die Frage** (*dii <u>fraa</u>-gue*) (la question), **jemanden befragen** (*<u>ié</u>-man-den be-<u>fraa</u>-guen*) (interroger quelqu'un), **fraglich** (*<u>fraag</u>-lich*) (douteux, incertain).

Mots clés

fragen	<u>fraa</u>-guen	demander
geben	<u>guéé</u>-ben	donner
dabei haben	da-<u>baï</u> h'<u>aa</u>-ben	avoir avec soi
leider	<u>laï</u>-der	malheureusement

Pronoms possessifs

Revenons un instant en arrière et examinons la version allemande de « mon/ma » et « votre », utilisée dans le dialogue précédent – **mein** (*maïn*) et **Ihr** (*iir*). Ces pronoms possessifs sont utilisés pour montrer qu'un nom appartient à quelqu'un ou à quelque chose. Leur terminaison dépend du genre, du cas et du nombre de la chose possédée. Par exemple « Voici ma carte. » se dirait :

Das ist meine Karte. (*das ist <u>maï</u>-ne <u>kar</u>-te*)

Karte (*<u>kar</u>-te*) est féminin, et le pronom possessif féminin à la première personne du singulier est **meine**.

Les formes de base des pronoms possessifs (identiques pour le masculin et le neutre) au nominatif sont :

- **mein** (*maïn*) (mon)
- **dein** (*daïn*) (ton)
- **Ihr** (*iir*) (votre ; vouvoiement)
- **sein, ihr, sein** (*zaïn, iir, zaïn*) (son, son, son [voir point de grammaire suivant])
- **unser** (*oun-zer*) (notre)
- **euer** (*oï-er*) (votre ; tutoiement au pluriel)
- **Ihr** (*iir*) (votre ; vouvoiement au pluriel)
- **ihr** (*iir*) (leur)

Alors qu'en français le pronom possessif, à la troisième personne du singulier, s'accorde uniquement avec l'entité possédée (son fils et sa fille), ce pronom, en allemand, est de forme différente selon que le possesseur est soit masculin ou neutre (**sein**) soit féminin (**ihr**). Dans le cas d'un possesseur masculin, « son fils et sa fille » se dit en allemand **sein Sohn und seine Tochter** (*zaïn zôôn ount zaï-ne togh-ter*), mais dans le cas d'un possesseur féminin, l'expression devient : **ihr Sohn und ihre Tochter**. Le français se limite à l'accord avec l'entité possédée, l'anglais se limite à l'accord avec l'entité possédante (*his*, *her*, *its*), et l'allemand va jusqu'au bout de la logique et accorde ce pronom à la fois à l'entité possédante et à l'entité possédée.

Le tableau 4.3 montre toutes les formes de **mein** (*maïn*) pour les trois genres et les différents cas de la déclinaison (les autres pronoms possessifs prennent les mêmes terminaisons).

Tableau 4.3 : Formes de mein aux différents cas

Genre	*Nominatif*	*Génitif*	*Datif*	*Accusatif*
Masculin	mein	mein**es**	mein**em**	mein**en**
Féminin	mein**e**	mein**er**	mein**er**	mein**e**
Neutre	mein	mein**es**	mein**em**	mein
Pluriel	mein**e**	mein**er**	mein**en**	mein**e**

Discussions sur la famille

Parler de sa famille est un excellent moyen de faire la connaissance de quelqu'un, et peut fournir une foule de sujets de conversation.

Vous trouverez tous les membres de votre généalogie dans la liste suivante. Même si vous n'avez pas d'enfant ou de belle-sœur, il est bon que vous puissiez reconnaître les termes correspondants lors de discussions sur la famille de quelqu'un d'autre :

- **der Mann** (*dèèr man*) (l'homme/le mari)
- **di Frau** (*dii fraô*) (la femme/l'épouse)
- **der Junge** (*dèèr ioun-gue*) (le garçon)
- **das Mädchen** (*das mèd-chen*) (la fille [par opposition au garçon])
- **die Eltern** (*dii èl-tern*) (les parents)
- **der Vater** (*dèèr faa-ter*) (le père)
- **die Mutter** (*dii mou-ter*) (la mère)
- **das Kind** (*das kint*) (l'enfant)
- **die Kinder** (*dii kin-der*) (les enfants)
- **der Sohn** (*dèèr zôôn*) (le fils)
- **die Tochter** (*dii togh-ter*) (la fille [par opposition au fils])
- **die Geschwister** (*dii gue-shvis-ter*) (les frères et sœurs)
- **die Schwester** (*dii shvès-ter*) (la sœur)
- **der Bruder** (*dèèr brouou-der*) (le frère)
- **der Großvater** (*dèèr grôôs-vaa-ter*) (le grand-père)
- **die Großmutter** (*dii grôôs-mou-ter*) (la grand-mère)
- **der Onkel** (*dèèr ong-kel*) (l'oncle)
- **die Tante** (*dii tan-te*) (la tante)
- **der Cousin** (*dèèr kouou-zing*) (le cousin)
- **die Cousine** (*dii kouou-zii-ne*) (la cousine)
- **die Schwiegereltern** (*dii shvii-guer-èl-tern*) (les beaux-parents)

- **der Schwiegervater** (*dèèr shvii-guer-vaa-ter*) (le beau-père)
- **die Schwiegermutter** (*dii shvii-guer-mou-ter*) (la belle-mère)
- **der Schwiegersohn** (*dèèr shvii-guer-sôôn*) (le gendre)
- **die Schwiergertochter** (*dii shvii-guer-togh-ter*) (la belle-fille)
- **der Schwager** (*dèèr shvaa-guer*) (le beau-frère)
- **die Schwägerin** (*dii shvèè-gue-rin*) (la belle-sœur)

Pour dire que vous avez un certain type de parent, vous placez le terme approprié dans le modèle de phrase ci-après.

Ich habe einen/eine/ein ... (*ich h'aa-be aï-nen/aï-ne*) (J'ai...)

Dans cette phrase, vous utilisez l'accusatif (complément d'objet direct). Vous devez donc choisir l'article indéfini correspondant au genre de la personne et le mettre à l'accusatif. Notez que le genre de cette personne peut aussi être le neutre : **das Mädchen** (*das mèd-chen*) (la jeune fille). Les articles indéfinis féminin et neutre sont les mêmes au nominatif et à l'accusatif, tandis que l'article indéfini masculin prend une forme différente à l'accusatif : **einen** (*aï-nen*). Pour plus de précisions sur la déclinaison des articles, reportez-vous au chapitre 2.

- **Noms masculins :** pour les noms comme **der Mann**, **der Bruder** et **der Schwager**, utilisez la forme **einen**.
- **Noms féminins :** pour les noms comme **die Frau**, **die Tochter** et **die Schwägerin**, utilisez **eine**.
- **Noms neutre :** pour **das Mädchen**, utilisez **ein**.

Et comment faire pour dire en allemand que vous n'avez pas de frère ni de sœur, de fils ou de fille ? Le français fait porter la négation sur le verbe : « Je n'ai pas de... ». L'allemand utilise la forme négative de l'article indéfini **ein/eine/ein** (*aïn/aï-*

ne/aïn), qui est **kein/keine/kein** (kaïn/_kaï_-ne/kaïn).

- ✔ **Noms masculins**, comme **der Sohn: Ich habe keinen Sohn.** (ich _h'aa_-be _kaï_-nen zôôn) (Je n'ai pas de fils.)
- ✔ **Noms féminins**, comme **die Tochter: Ich habe keine Tochter.** (ich _h'aa_-be _kaï_-ne _togh_-ter) (Je n'ai pas de fille.)
- ✔ **Noms neutres**, comme **das Kind: Ich habe kein Kind.** (ich _h'aa_-be kaïn kint) (Je n'ai pas d'enfant.)

Parler du temps qu'il fait

Dans tous les pays du monde, les gens adorent évoquer **das Wetter** (das _vè_-ter) (le temps). Il est vrai qu'il affecte tous les aspects de la vie – votre trajet pour aller travailler, vos activités de plein air, et parfois même votre humeur. Et il vous donne souvent un motif pour vous plaindre !

Quel temps fait-il là-bas ?

Votre ami fidèle, l'expression **Es ist** (ès ist) (il fait/c'est), vous aide à décrire le temps, quelle que soit les prévisions. Vous fournissez simplement l'adjectif approprié pour terminer la phrase. Par exemple :

- ✔ **Es ist kalt.** (ès ist kalt) (Il fait froid.)
- ✔ **Es ist heiß.** (ès ist h'aïs) (Il fait très chaud.)
- ✔ **Es ist schön.** (ès ist sheueun) (Il fait beau.)

Les mots suivants devraient vous permettre de décrire presque n'importe quel temps :

- ✔ **bewölkt** (be-_veueulkt_) (nuageux)
- ✔ **neblig** (_néé_-blish) (brumeux)
- ✔ **regnerisch** (_réég_-ne-rish) (pluvieux)
- ✔ **feucht** (foïcht) (humide)
- ✔ **windig** (_vin_-dish) (venté)

- **kühl** (*kuul*) (frais)
- **frostish** (*fros-tish*) (gelé)
- **warm** (*varm*) (chaud)
- **sonnig** (*zo-nish*) (ensoleillé)

Voici encore d'autres expressions pour faire votre propre description du temps :

- **Die Sonne scheint.** (*dii zo-ne shaïnt*) (Le soleil brille.)
- **Es regnet.** (*ès réég-net*) (Il pleut.)
- **Es blitzt/donnert.** (*ès blitst/do-nert*) (Il y a des éclairs/du tonnerre.)
- **Es wird hell/dunkel.** (*ès virt h'èl/doung-kel*) (Le ciel s'éclaircit/s'assombrit.)

En allemand, on utilise deux verbes spéciaux pour dire qu'il commence ou qu'il cesse de pleuvoir : **anfangen** (*an-fan-guen*) (commencer) et **aufhören** (*aôf-h'eueu-ren*) (cesser). Ce sont des verbes à *particule séparable*, ce qui implique que lorsqu'on les utilise, la particule se détache et change de place. Voici comment marchent ces verbes :

- **Es fängt an zu regnen.** (*ès fèngkt an tsousou réég-nen*) (Il commence à pleuvoir.)
- **Es hört auf zu regnen.** (*ès h'eueurt aôf tsouou réég-nen*) (Il cesse de pleuvoir.)

Reportez-vous au chapitre 8 pour plus d'informations sur les verbes à particules séparables. Vous pouvez aussi consulter à leur sujet le chapitre 7, qui évoque les particules séparables en décrivant la formation du participe passé.

La température

Lorsqu'il est question de la température, vous entendrez à coup sûr l'une ou l'autre des expressions suivantes :

- **Zehn Grad.** (*tséén graat*) (Dix degrés.). Vous pouvez bien sûr substituer le nombre approprié devant le mot (**der**) **Grad**. (Reportez-vous au chapitre 3 pour plus de précisions sur les nombres.)
- **Es ist minus zehn Grad.** (*ès ist mii-nous tséén graat*) (Il fait moins dix degrés.) Ici encore, placez le nombre approprié devant **Grad**.
- **Es ist zehn Grad unter Null.** (*es ist tséén graat ounter noul*) (Il fait dix degrés au-dessous de zéro.)
- **Die Temperatur fällt/steigt.** (*dii tèm-pé-ra-tour fèlt/shtaïgkt*) (La température descend/monte.)

Donner son avis sur le temps qu'il fait

Les expressions suivantes vous aideront à entretenir la conversation sur le temps :

- **Was für ein herrliches Wetter!** (*vas fuur aïn h'èr-li-ches vè-ter*) (Quel temps magnifique !)
- **Was für ein schreckliches Wetter!** (*vas fuur aïn shrèk-li-ches vè-ter*) (Quel temps épouvantable !)
- **Was für ein schöner Tag!** (*vas fuur aïn sheueu-ner taagk*) (Quelle belle journée !)

Mots clés

machen	ma-ghen	faire
sehen	zéé-en	voir
wissen	vi-sen	savoir
Recht haben	rècht h'aa-ben	avoir raison
vielleicht	fii-laïcht	peut-être
bis später	bis shpèè-ter	à plus tard

Affinités lexicales

bis später →	**spät** (*shpèèt*) (tard), **die Verspätung** (*dii fer-shpèè-toung*) (le retard), **sich verspäten** (*zich fer-shpèè-ten*) (prendre du retard/être en retard).
Recht haben →	**das Recht** (*das rècht*) (le droit), **richtig** (*rich-tish*) (exact), **gerecht** (*gue-rècht*) (équitable), **der Richter** (*dèèr rich-ter*) (le juge), **rechts** (*rèchts*) (à droite), **rechtfertigen** (*rècht-fèr-ti-guen*) (justifier).
wissen →	**die Wissenschaft** (*dii vi-sen-shaft*) (la science), **der Wissenschaftler** (*dèèr vi-sen-shaft-ler*) (le scientifique), **die Wissenschaftlerin** (*dii vi-sen-shaft-le-rin*) (la scientifique), **gewiss** (*gue-vis*) (sûr/sûrement), **das Gewissen** (*das gue-vi-sen*) (la conscience), **ein schlechtes Gewissen haben** (*aïn schlèch-tes gue-vi-sen h'aa-ben*) (avoir mauvaise conscience), **der Weise** (*dèèr vaï-ze*) (le sage), **die Weisheit** (*dii vaïs-haït*) (la sagesse).
sehen →	**wiedersehen** (*vii-der-zéé-en*) (revoir), **auf Wiedersehen** (*aôf vii-der-zéé-en*) (au revoir).
machen →	**abmachen** (*ap-ma-ghen*) (convenir/conclure), **aufmachen** (*aôf-ma-ghen*) (ouvrir [un livre, une porte]), **zumachen** (*tsou-ma-ghen*) (fermer), **vermachen** (*fer-ma-ghen*) (léguer), **das Vermächtnis** (*das fer-mècht-nis*) (le leg), **die Vollmacht** (*dii fol-maght*) (les pleins pouvoirs), **die Macht** (*dii maght*) (la force), **mächtig** (*mèèch-tish*) (puissant), **unmächtig** (*oun-mèèch-tish*) (impuissant), **schwach** (*shvagh*) (faible), **die Schwäche** (*dii shvèè-che*) (la faiblesse), **stark** (*shtaark*) (fort), **die Stärke** (*dii shtèèr-ke*) (la force).

Chapitre 5
Dîner au restaurant

Dans ce chapitre
- Commander des plats
- Payer l'addition
- Acheter les provisions – où trouver quoi
- Faire ses courses au marché
- Les mesures et les poids

S'enquérir de la nourriture et des habitudes alimentaires d'un autre pays est l'une des manières les plus agréables d'apprendre des choses sur sa culture, et c'est en tout cas un sujet de curiosité majeur pour la plupart de nos compatriotes. Qu'il s'agisse d'un repas d'affaires, d'un dîner sans façon, d'un repas au restaurant ou de faire soi-même la cuisine, vous devez absolument connaître la façon de parler de ce qui se mange.

Si vous allez au restaurant en Allemagne, vous remarquerez que la variété des plats n'est pas très différente de ce dont vous avez l'habitude en France. La cuisine « familiale » allemande (qui est surtout à base de viande, de pommes de terre et d'autres légumes) n'est pas particulièrement réputée et tendait autrefois à être un peu grasse, mais les choses ont évolué, par souci de santé et par crainte du cholestérol. La cuisine régionale offre des plats intéressants et variés, et vous trouverez partout une variété encore plus grande de cuisines de différents pays.

Nous vous souhaitons **Guten Appetit** (*gou-ten a-pé-tit*) (Bon appétit), comme disent les Allemands avant de commencer à manger.

Est-ce déjà l'heure de manger ?

Les expression suivantes vous seront utiles si vous avez faim ou soif :

- **Ich habe Hunger/Durst.** (*ich h'aa-be h'oun-guer/dourst*) (J'ai faim/soif.)
- **Ich bin hungrig/durstig.** (*ich bin h'oung-rish/dour-tish*) (J'ai faim/soif.)

Pour satisfaire votre faim ou votre soif, vous devez manger – **essen** (*è-sen*), et boire – **trinken** (*trin-ken*).

Essen est un verbe irrégulier (voir le chapitre 2 pour plus d'informations sur les verbes irréguliers) :

Conjugaison	*Prononciation*
ich esse	*ich è-se*
du isst	*dou ist*
Sie essen	*zii è-sen*
er, sie, es isst	*èèr, zii, ès ist*
wir essen	*viir è-sen*
ihr esst	*iir èst*
Sie essen	*zii è-sen*
sie essen	*zii è-sen*

Trinken est lui aussi un verbe irrégulier, mais il se conjugue au présent de l'indicatif comme les verbes réguliers :

Conjugaison	*Prononciation*
ich trinke	*ich trin-ke*
du trinkst	*dou trinkst*
Sie trinken	*zii trin-ken*
er, sie, es trinkt	*èèr, zii, ès trinkt*
wir trinken	*viir trin-ken*
ihr trinkt	*iir trinkt*
Sie trinken	*zii trin-ken*
sie trinken	*zii trin-ken*

Tout sur les repas

Les heures et la composition des repas diffèrent un peu des habitudes françaises. Comme en France, le petit déjeuner est servi dans les hôtels entre 7 h. et 10 h, mais il est nettement plus substantiel qu'un petit déjeuner français typique.

Le déjeuner est habituellement servi entre 11 h 30 et 14 h. Le déjeuner a été longtemps le repas principal de la journée, mais ce n'est plus nécessairement le cas.

Le repas du soir traditionnel d'une famille allemande se composait de pain accompagné de viandes froides, de fromages et peut-être de salades et de plats froids. Mais pour de plus en plus de gens, le dîner est devenu le repas principal, de nombreuses personnes travaillant durant la journée selon un horaire qui ne laisse pas assez de temps pour prendre un repas copieux. Dans les restaurants, un menu complet est généralement disponible entre 18 h 30 et 21 h, et dans les villes et les restaurants plus importants, le service peut continuer jusqu'à 22 h ou 23 h.

Les trois principaux **Mahlzeiten** (*maal-tsaï-ten*) (repas) de la journée sont :

- **das Frühstück** (*das fruu-shtuk*) (le petit déjeuner)
- **das Mittagessen** (*das mi-taagk-è-sen*) (le déjeuner)
- **das Abendessen** (*das aa-bent-è-sen*) (le dîner)

Vous entendrez parfois les gens dire **Mahlzeit!** en guise de salutation vers l'heure du déjeuner. Si quelqu'un vous le dit, répondez par le même mot – **Mahlzeit!** – et souriez. Cette expression est typique du sud de l'Allemagne (catholique), et est un raccourci de **(Gesegnete) Mahlzeit!** (*gue-zéég-ne-te maal-tsaït*) ([que votre] temps du repas [soit béni] !).

Mettre la table

Voici les articles dont vous avez besoin pour mettre la table en allemand :

- **das Glas** (*das glas*) (le verre)
- **die Tasse** (*dii ta-se*) (la tasse)
- **der Teller** (*dèèr tè-ler*) (l'assiette)
- **der Suppenteller** (*dèèr zou-pen-tè-ler*) (l'assiette à soupe)
- **die Serviette** (*dii zèrv-ièt-te*) (la serviette)
- **das Messer** (*das mè-ser*) (le couteau)
- **die Gabel** (*dii gaa-bel*) (la fourchette)
- **der Löffel** (*dèèr leu-fel*) (la cuiller)
- **das Besteck** (*das be-shtèk*) (les couverts : couteau, fourchette et cuiller)

Si vous êtes dans un restaurant et si vous avez besoin d'un article qui manque sur la table (par exemple une cuiller, une fourchette ou un couteau), appelez le serveur en disant

Entschuldigen Sie bitte! (*ènt-shoul-di-guen zii bi-te*) (Excusez-moi s'il vous plaît.)

et demandez

Kann ich bitte einen Löffel/eine Gabel/ein Messer haben? (*kan ich bi-te aï-nen leuu-fel/aï-ne gaa-bel/aïn mè-ser h'aa-ben*) (Puis-je s'il vous plaît avoir une cuiller/une fourchette/un couteau ?)

Aller au restaurant

On se rend au restaurant aussi souvent en Allemagne qu'en France, et l'accueil est à peu près le même, si ce n'est qu'il est plus courant qu'en France de s'installer directement à une table, surtout dans les établissements les plus simples.

Différentes sortes de restaurants

La plupart des restaurants affichent un menu, lequel vous donne des indications sur ce qui vous attend à l'intérieur. C'est pratique si vous vous errez à la recherche d'un endroit pour manger, mais si vous voulez demander à quelqu'un de vous en indiquer un, il vaut mieux savoir quelles sont les différentes possibilités :

- **das Restaurant** (*das rès-tôô-rann't*) (le restaurant) : comme en France, ces établissements vont du plus simple au plus sophistiqué.
- **die Gaststätte** (*dii gast-shtè-te*) (le restaurant local) : restaurant plus simple dont le menu n'est pas d'une grande variété mais où vous pourriez trouver des spécialités locales.
- **das Gasthaus** (*das gast-h'aôs*)/**der Gasthof** (*dèèr gast-h'ôôf*) (l'auberge) : vous rencontrerez habituellement cet établissement à la campagne. Vous y mangerez une cuisine familiale, dans une atmosphère assez chaleureuse.
- **die Raststätte** (*dii rast-shtè-te*)/**der Rasthof** (*dèèr rast-hôôf*) (le restaurant d'autoroute) : établissement situé le long d'une autoroute avec une station-service et parfois des chambres.
- **der Ratskeller** (*dèèr raats-kè-ler*) : un restaurant dans la cave d'un **Rathaus** (*raat-haôs*) (hôtel de ville). Souvent situé dans des bâtiments historiques.
- **die Bierhalle** (*dii biir-h'a-le*)/**die Bierstube** (*dii biir-shtouou-be*)/**der Biergarten** (*dèèr biir-gar-ten*)/**das Bierzelt** (*das biir-tsèlt*) : autant de lieux où l'on sert de la bière (halle, bar, jardin, tente). En dehors de la bière tirée d'immenses tonneaux, vous pouvez aussi commander des plats chauds (habituellement parmi quelques plats du jour), des salades et des bretzels. Les **Bierhallen** les plus nombreuses et les plus connues se trouvent à Munich, en Bavière, où se tient la célèbre **[das] Oktoberfest**, dans la deuxième moitié de septembre et début octobre.
- **die Weinstube** (*dii vaïn-shtouou-be*) (le bar à vin) : un petit restaurant, généralement dans des régions viticoles, où vous pouvez goûter des vins et manger des plats simples de bistrot.

- **die Kneipe** (*dii knaï-pe*) (le bistrot) : comme en France, vous pouvez y prendre un verre au comptoir ou vous asseoir à une table pour commander des plats simples.
- **das Café** (*das ka-féé*) (le café) : peut aller d'un simple café à des établissements très distingués. Vienne est célèbre pour sa tradition de cafés fréquentés par des écrivains et des artistes.
- **der Imbiss/Schnellimbiss** (*dèèr im-bis/shnèl-im-bis*) (le snack-bar) : un local où l'on peut manger sur place (le plus souvent debout) où acheter des plats simples ou des sandwiches à emporter.

Réserver une table

Tout comme en France, quand vous appelez un restaurant, la personne qui répond est prête à prendre votre réservation. Il n'est pas toujours nécessaire de réserver. En semaine vous avez de bonnes chances de trouver une table sans réserver, à moins qu'il ne s'agisse d'un établissement très recherché ou très petit. (Les week-ends il est recommandé de réserver.) On ne fait généralement pas de réservations pour une **Kneipe** ou une **Gaststätte** – les tables sont simplement attribuées au fur et à mesure des arrivées.

Voici les expressions à utiliser pour réserver votre table :

- **Ich möchte gern einen Tisch reservieren/bestellen.** (*ich meuch-te guern aï-nen tish réé-zèr-vii-ren/be-shtè-len*) (Je voudrais réserver/commander une table.)
- **Haben Sie um ... Uhr einen Tisch frei?** (*h'aa-ben zii oum ... ouour aï-nen tish fraï*) (Avez-vous une table libre pour ... heures ?)
- **Ich möchte gern einen Tisch für ... Personen um ... Uhr.** (*ich meuch-te guern aï-nen tish fuur ... pèr-zôô-nen oum ... ouour*) (Je voudrais une table pour... personnes pour... heures.)

Vous pouvez aussi préciser le jour de la semaine ou le moment de la journée :

- **heute Abend** (_h'oï_-te _aa_-bent) (ce soir)
- **morgen Abend** (_mor_-guen _aa_-bent) (demain soir)
- **heute Mittag** (_h'oï_-te _mi_-tagk) (aujourd'hui midi)
- **morgen Mittag** (_mor_-guen _mi_-tagk) (demain midi)

Et votre réservation devient :

- **Ich möchte gern für heute Abend einen Tisch reservieren.** (ich _meuch_-te guèrn fuur _h'oï_-te _aa_-bent _aï_-nen tish réé-zèr-_vii_-ren) (Je voudrais réserver une table pour ce soir.)
- **Haben Sie morgen Mittag um ... Uhr einen Tisch frei ?** (_h'aa_-ben zii _mor_-guen _mi_-tagk oum ... ouour _aï_-nen tish fraï) (Avez-vous une table de libre pour déjeuner demain à... heures ?)

Si vous arrivez au restaurant sans avoir réservé, attendez-vous à entendre l'une des deux phrases suivantes :

- **In ... Minuten wird ein Tisch frei.** (in ... mi-_nouou_-ten virt aïn tish fraï) (Dans ... minutes il y aura une table de libre.)
- **Können Sie in ... Minuten wiederkommen?** (_keu_-nen zii in ... mi-_nouou_-ten _vii_-der-ko-men) (Pouvez-vous revenir dans... minutes ?)

Mots clés

bringen	_brin_-guen	apporter
vielleicht	vill-_laïcht_	peut-être
hier vorne	h'iir _vor_-ne	ici juste devant
dort drüben	dort _druu_-ben	là-bas de l'autre côté
Setzen Sie sich!	_zèt_-sen zii zich	Asseyez-vous.
Tut mir leid!	touout mir laït	Je suis désolé.
In Ordnung!	in _ord_-noung	Entendu !

Arriver et prendre place

Une fois arrivé au restaurant, vous voulez vous asseoir à votre table, **Platz nehmen** (*plats néé-men*) et obtenir votre **Speisekarte** (*shpaï-ze-kar-te*) (menu). Un serveur, **der Kellner** (*dèèr kèl-ner*), vous indique votre table.

Affinités lexicales

In Ordnung! →	**ordnen** (*ord-nen*) (mettre en ordre), **der Ordner** (*dèèr ord-ner*) (le classeur), **ordentlich** (*or-dent-lich*) (ordonné/de façon ordonnée), **der Befehl** (*dèèr be-fééI*) (l'ordre/le commandement), **befehlen** (*be-féé-len*) (commander/ordonner).
Tut mir leid! →	**das Leid** (*das laït*) (la douleur), **leiden** (*laï-den*) (souffrir), **leider** (*laï-der*) (malheureusement), **die Leidenschaft** (*dii laï-den-shaft*) (la passion), **leidenschaftlich** (*laï-den-shaft-lich*) (passionnément).
Setzen Sie sich! →	**der Satz** (*dèèr zats*) (le set [tennis], le marc [café], la phrase), **der Umsatz** (*dèèr oum-zats*) (le chiffre d'affaires), **versetzen** (*fer-zèt-sen*) (transférer), **übersetzen** (*uu-ber-zèt-sen*) (traduire), **der Übersetzer** (*dèèr uu-ber-zèt-ser*) (le traducteur), **die Übersetzung** (*dii uu-ber-zèt-soung*) (la traduction), **das Gesetzt** (*das gue-zèts*) (la loi), **der Gesetzgeber** (*dèèr gue-zèts-guéé-ber*) (le législateur), **das Grundgesetz** (*das grount-gue-zèts*) (la Constitution).
bringen →	**verbringen** (*fer-brin-guen*) (passer [du temps]), **umbringen** (*oum-brin-guen*) (tuer).

Décryptage du menu

Nous arrivons au plus amusant – décider ce que vous allez manger. Bien sûr, ce qu'il y a sur le menu dépend entièrement du type d'établissement où vous êtes installé.

Si vous allez en Allemagne dans un restaurant français, espagnol ou chinois, le menu peut être dans la langue de ces différents pays avec une traduction en allemand au-dessous du nom d'origine du plat. Dans certains restaurants, il y a en outre une traduction en anglais.

Les sections suivantes vous informent sur les types de plats que vous pouvez trouver dans les restaurants allemands des différentes régions. Il y a par exemple des plats que vous trouverez couramment en Bavière mais jamais en Allemagne du Nord.

Petit déjeuner

Les mets suivants peuvent vous être proposés au **Frühstuck** (*fruu-shtuk*) (petit déjeuner) :

- **das Brot** (*das brôôt*) (le pain)
- **das Brötchen** (*das breueut-chen*) (le petit pain)
- **der Toast** (*dèèr tôôst*) (le toast)
- **der Aufschnitt** (*dèèr aôf-shnit*) (viande froide, charcuterie et fromage)
- **die Butter** (*dii bou-ter*) (le beurre)
- **die Cerealien** (*dii tsé-ré-aa-li-en*) (les céréales)
- **das Müsli** (*das muus-li*) (le musli)
- **die Milch** (*dii milch*) (le lait)
- **der Saft** (*dèèr zaft*) (le jus de fruit)
- **die Wurst** (*dii vourst*) (le saucisson/la saucisse)
- **das Ei** (*das aï*) (l'œuf)
- **das Spiegelei** (*das shpii-guel-aï*) (l'œuf sur le plat)
- **die Rühreier** (*dii ruur-aï-er*) (les œufs brouillés)

 En Allemagne, les **Brötchen** sont souvent servis au petit déjeuner ; mais vous pouvez aussi avoir toutes sortes de pains ou de croissants. Il est également très courant de manger de la viande froide et de la charcuterie au petit déjeuner, et si vous commandez un œuf sans spécifier que vous voulez un œuf brouillé ou sur le plat, on vous apportera un œuf à la coque.

Hors-d'œuvre

Comme **Vorspeisen** (_vôôr-shpaï-zen_) (hors-d'œuvre), vous pouvez rencontrer :

- **Gemischter Salat** (_gue-mish-ter za-laat_) (la salade mélangée)
- **Grüner Salat** (_gruu-ner za-laat_) (la salade verte)
- **Melone mit Schinken** (_mè-lôô-ne mit shin-ken_) (melon et jambon)
- **Meerfrüchtesalat mit Toastecken** (_méér-fruuch-te-za-laat mit tôôst-è-ken_) (salade de fruits de mer avec demi-toasts)

Soupes

Vous pouvez voir les types suivants de **Suppen** (_zou-pen_) (les potages) sur un menu allemand :

- **die Tomatensuppe** (_dii to-maa-ten-zou-pe_) (le potage à la tomate)
- **die Bohnensuppe** (_dii bôô-nen-zou-pe_) (le potage aux haricots)
- **die Ochsenschwanzsuppe** (_dii ok-sen-shvants-zou-pe_) (le potage à la queue de bœuf)
- **die französische Zwiebelsuppe** (_fran-tseueu-zi-she tsvii-bel-zou-pe_) (la soupe à l'oignon)

Plats principaux

Les **Hauptspeisen** (_h'aôpt-shpaï-zen_) (plats principaux) sont aussi variés que dans n'importe quelle culture ; voici quelques plats typiques d'un menu allemand :

- **(die) Kalbsleber mit Kartoffelpüree** (_kalbs-lééber mit kar-to-fel-puu-réé_) (foie de veau, purée de pommes de terre)
- **Frischer Spargel mit Kalbschnitzel oder Räucherschinken/Kochschinken** (_fri-sher shparguel mit kalb-shni-tsel ôô-der roï-cher-shin-ken/kogh-shin-ken_) (asperges fraîches, escalope de veau ou jambon fumé/jambon blanc)

- ✔ (das) **Rindersteak mit Pommes Frites und gemischtem Gemüse** (_rin_-der-stèèk mit pom frit ount gue-_mish_-tem gue-_muu_-ze) (steak de bœuf avec pommes frites et légumes variés)
- ✔ (das) **Lammkotelett nach Art des Hauses** (_lam_-ko-te-lèt nagh art dès _h'aô_-zes) (côtelette d'agneau maison)
- ✔ (das) **Hühnerfrikassee mit Butterreis** (_h'uu_-ner-fri-ka-_séé_ mit _bou_-ter-raïs) (fricassée de poulet, riz sauté au beurre)
- ✔ (der) **Lachs an Safransoße mit Spinat und Salzkartoffeln** (lax an _zaf_-raan-zôô-se mit shpi-_naat_ ount _zalts_-kar-to-feln) (saumon, sauce au safran, épinards et pommes vapeur)
- ✔ **Fisch des Tages** (fish dès _taa_-gues) (poisson du jour)

Accompagnements

Vous pouvez parfois commander des **Beilagen** (_baï_-laa-guen) (accompagnements) indépendamment de votre plat principal :

- ✔ **Butterbohnen** (_bou_-ter-_bôô_-nen) (les haricots beurre)
- ✔ **Gurkensalat** (_gour_-ken-za-_laat_) (la salade de concombre)
- ✔ **Bratkartoffeln** (_braat_-kar-to-feln) (les pommes de terre sautées)

Desserts

Les restaurants allemands proposent souvent des mets appétissants **zum Nachtisch** (tsououm _nagh_-tish) (pour le dessert), et notamment :

- ✔ **Frischer Obstsalat** (_fri_-sher _opst_-za-laat) (la salade de fruits frais)
- ✔ **Apfelstrudel** (_ap_-fel-shtrouou-del) (l'apfelstrudel)
- ✔ **Gemischtes Eis mit Sahne** (gue-_mish_-tes aïs mit _zaa_-ne) (des glaces variées avec de la crème)

- **Rote Grütze mit Vanillesoße** (*rôô-te gruut-se mit va-nii-le-zôô-se*) (la compote de fruits rouges, sauce vanille)

Boissons

Si vous commandez **Wasser** (*va-ser*) (de l'eau), vous avez le choix entre de l'eau gazeuse et de l'eau plate, c'est-à-dire **ein Wasser mit Kohlensäure** (*aïn va-ser mit kôô-len-zoï-re*) (une eau gazeuse) ou **ein Wasser ohne Kohlensäure** (*aïn va-ser ôô-ne kôô-len-zoï-re*) (une eau non gazeuse). Si vous demandez au serveur ou à la serveuse **ein Mineralwasser** (*mi-né-raal-va-ser*) (une eau minérale), on vous apporte en général de l'eau gazeuse.

Le vin est généralement servi en bouteille – **die Flasche** (*dii fla-she*) (la bouteille) ou au verre – **das Glas** (*das glaas*) (le verre). Vous pouvez parfois trouver du vin en carafe, **die karaffe** (*dii ka-ra-fe*).

Dans la liste ci-dessous, vous trouverez les boissons les plus couramment mentionnées sur un menu :

- **Bier** (*biir*) (la bière)
- **das Export** (*das ex-port*)/ **das Kölsch** (*das keueulsh*) (bière de Cologne, à haute fermentation)
- **das Bier vom Fass** (*das biir fom fas*) (la bière pression)
- **das Pils/Pilsener** (*das pils/pil-ze-ner*) (la bière de Pilsen)
- **das Altbier** (*das alt-biir*) (altbier – bière à haute fermentation, de couleur cuivrée)
- **Wein** (*vaïn*) (vin)
- **der Weißwein** (*dèèr vaïs-vaïn*) (le vin blanc)
- **der Rotweine** (*dèèr rôôt-vaïn*) (le vin rouge)
- **der Tafelwein** (*dèèr taa-fel-vaïn*) (le vin de table)
- **der Kaffee** (*dèèr ka-féé*) (le café)
- **der Tee** (*dèèr téé*) (le thé)

Chapitre 5 : Dîner au restaurant **121**

Commander

Comme en français, il existe en allemand différentes expressions pour commander un repas. Elles ne sont pas bien compliquées, et vous pouvez les utiliser aussi bien au restaurant que dans un magasin d'alimentation :

- **Ich hätte gern ...** (*ich h'è-te guern*) (je voudrais…)
- **Für mich bitte ...** (*fuur mich bi-te*) (pour moi s'il vous plaît…)
- **Ich möchte gern ...** (*ich meuch-te guèrn*) (je voudrais…)
- **Ich würde gern ... essen/haben** (*ich vuur-de guèrn … è-sen/h'aa-ben*) (Je mangerais/j'aurais volontiers…)

Vous pouvez décider d'être audacieux, et dire au serveur ou à la serveuse :

Können Sie etwas empfehlen? (*keu-nen zii èt-vas èmp-féé-len*) (Pouvez-vous recommander quelque chose ?)

Attendez-vous à ce qu'il ou elle vous réponde à toute vitesse, citant des plats dont vous n'aurez jamais entendu parler auparavant. Pour éviter d'être complètement désorienté, essayez de lui présenter le menu pour l'inciter à pointer sur les plats tout en répondant.

Utilisation du subjonctif

Regardez de plus près les formes verbales **hätte**, **möchte** et **würde** qui apparaissent dans la section précédente, ainsi que la forme **könnten** utilisée dans le dialogue précédent (**Könnten wir ... den Tisch ... haben**). D'où viennent-elles et quelles sont leurs fonctions ?

Alors que le français possède deux modes distincts pour exprimer d'une part une possibilité (le conditionnel : je *pourrais*), d'autre part le discours indirect (le subjonctif : il aimerait que je *puisse*), l'allemand ne connaît qu'un seul mode, qui est **der Konjunktiv** (*dèèr kôôn-ioung-tiif*) (conditionnel/subjonctif) :

- **Ich hätte** (*ich h'è-te*) (j'aurais) vient du verbe **haben** (*h'aa-ben*) (avoir).
- **Ich hätte gern** (*ich hè-te guèrn*) (j'aurais volontiers) est la forme utilisée en allemand pour dire poliment « je voudrais avoir ».

Il y a aussi **ich würde**, qui vient de **werden**, l'auxiliaire du futur (pour voir comment se forme le futur en allemand, reportez-vous au chapitre 2) :

Ich würde ... essen. (*ich vuur-de è-sen*) (Je mangerais...)

résulte de la mise au conditionnel de la phrase au futur : **Ich werde essen** (*ich vèr-de è-sen*) (Je mangerai). Comme dans le cas du futur, l'auxiliaire **werden** est complété du verbe principal, ici **haben** ou **essen**. Et par politesse, on ajoute l'adverbe **gern** (*guèrn*) (volontiers) :

Ich würde gern ... haben. (*ich vuur-de guèrn ... h'aa-ben*) (J'aurais volontiers...)

De même l'expression **Ich könnte** (*ich keun-te*) (Je pourrais) est la forme conditionnelle du verbe **können** (*keu-nen*) (pouvoir), et l'expression **ich möchte** (*ich meuch-te*) (j'aimerais) est la forme conditionnelle du verbe **mögen** (*meueu-guen*) (aimer/souhaiter/vouloir).

Des formes atténuées de « pouvoir » et « vouloir »

Nous avons vu au paragraphe précédent le verbe **können** (*keu-nen*) (pouvoir). Le dialogue précédent met en jeu dans la phrase **Darf ich Ihnen etwas zu trinken bringen** un autre verbe qui signifie « pouvoir », mais dans le sens « avoir le droit/l'autorisation », le verbe **dürfen** (*duur-fen*) (être autorisé à) ; dans la réponse de Michel, **Ich**

möchte gern ein Glas Bier, nous retrouvons le conditionnel du verbe **mögen** (*meueu-guen*) (vouloir/souhaiter/aimer). Les verbes **dürfen** et **mögen** sont très utilisés dans les échanges courtois.

dürfen :

- ✔ **Ich darf Bier trinken.** (*ich darf biir trin-ken*) (J'ai le droit de boire de la bière.)
- ✔ **Darf ich Wein trinken?** (*darf ich vaïn trin-ken*) (Puis-je boire du vin ?)
- ✔ **Dürfen wir rauchen?** (*duur-fen viir raô-ghen*) (Sommes-nous autorisés à fumer ?)

mögen :

- ✔ **Ich möchte Wein trinken.** (*ich meuch-te vaïn trin-ken*) (Je voudrais boire du vin.)
- ✔ **Möchten Sie Wein trinken?** (*meuch-ten zii vaïn trin-ken*) (Aimeriez-vous boire du vin ?)

Employé à l'indicatif, le verbe **mögen** sert simplement à indiquer que l'on aime quelque chose :

- ✔ **Ich mag Wein.** (*ich maagk vaïn*) (J'aime le vin.)
- ✔ **Wir mögen Wein.** (*viir meueu-guen vaïn*) (Nous aimons le vin.)

Commander quelque chose de spécial

Vous pourriez avoir besoin des expressions suivantes pour satisfaire des besoins ou des goûts particuliers :

- ✔ **Haben Sie vegetarische Gerichte?** (*h'aa-ben zii vée-gué-taa-ri-she gue-rich-te*) (Avez-vous des plats végétariens ?)
- ✔ **Ich kann nichts essen, was ... enthält.** (*ich kan nichts è-sen, vas ... ènt-h'èlt*) (Je ne peux rien manger qui contient…)
- ✔ **Haben Sie Gerichte für Diabetiker?** (*h'aa-ben zii gue-rich-te fuur diiä-bée-ti-ker*) (Avez-vous des plats pour diabétiques ?)

- **Haben Sie Kinderportionen?** (*h'aa-ben zii kin-der-port-siôô-nen*) (Avez-vous des portions pour enfants ?)

Répondre à la question finale

Après un repas, il est de tradition que le serveur ou la serveuse vous demande si vous l'avez apprécié :

Hat es Ihnen geschmeckt? (*h'at ès ii-nen gue-shmèkt*) (Est-ce que cela vous a plu ?)

Espérons que vous êtes satisfait et que vous vous sentez obligé de fournir l'une des réponses :

- **danke, gut** (*dang-ke, gouout*) (merci, c'était bon.)
- **sehr gut** (*zéér gouout*) (très bon)
- **ausgezeichnet** (*aôs-gue-tsaïch-net*) (excellent)

L'addition

Vers la fin du repas, votre serveur peut vous poser la question suivante, dans le but de savoir s'il peut vous apporter l'addition :

Sonst noch etwas? (*zonst nogh èt-vas*) ([Désirez-vous] encore quelque chose ?)

Si vous n'envisagez pas de commander autre chose, il est temps de régler **die Rechnung** (*dii rèch-noung*) (la note). Vous pouvez la demander de la façon suivante :

- **Ich möchte zahlen.** (*ich meuch-te tsaa-len*) (Je voudrais payer.)
- **Die Rechnung, bitte.** (*dii rèch-noung, bi-te*) (L'addition, s'il vous plaît.)

Vous pouvez payer tout ensemble – **Alles zusammen, bitte.** (*a-les tsou-za-men, bi-te*) (tout ensemble, s'il vous plaît), ou séparément – **Wir möchten getrennt zahlen.** (*viir meuch-ten gue-trènt tsaa-len*) (Nous aimerions payer séparément.).

Chapitre 5 : Dîner au restaurant

Le pourboire

En Allemagne, comme d'ailleurs en France, le serveur ou la serveuse ne vous apportera pas spontanément l'addition (selon l'usage de certains pays comme par exemple les USA). Vous devez la demander pour pouvoir payer. Si l'on vous apporte l'addition et si vous la réglez à votre table, vous pouvez laisser un pourboire en arrondissant le montant, ce qui peut représenter une majoration de 8 à 10 %. L'expression **Stimmt so.** (shtimt zôô) (C'est bon.) est une façon de dire à la serveuse que le montant supplémentaire est son pourboire.

De plus en plus de restaurants allemands vous permettent de payer avec une carte bancaire – **die Kreditkarte** (*dii kré-dit-kar-te*) (carte de crédit). Ces établissements comportent des signes sur la fenêtre ou sur la porte, mentionnant les types de cartes qu'ils acceptent. Recherchez ces indications avant d'entrer s'il est important pour vous de payer de cette façon.

Mots clés

zahlen	tsaa-len	payer
die Kreditkarte	dii kré-dit-kar-te	la carte de crédit
die Quittung	dii kvi-toung	le reçu
in bar zahlen	in bar tsaa-len	payer en espèces
die Rechnung	dii rèch-noung	l'addition/la facture
Stimmt so!	shtimt zôô	C'est bon !
Bitte, bitte	bi-te, bi-te	Je vous en prie.

Si vous avez besoin d'une **Quittung** (*kvi-toung*) (reçu/facture), demandez simplement au serveur ou à la serveuse, après avoir réclamé l'addition :

Und eine Quittung, bitte. (*ount aï-ne kvi-toung, bi-te*) (Et un reçu, s'il vous plaît.)

Affinités lexicales

Bitte, bitte →	**bitten** (*bi-ten*) (prier/demander), **beten** (*bée-ten*) (prier/au sens religieux), **die Bitte** (*die bi-te*) (la requête), **das Gebet** (*das gue-béét*) (la prière [religieuse]), **betteln** (*bè-teln*) (mendier), **der Bettler** (*dèèr bèt-ler*) (le mendiant).
Stimmt so! →	**stimmen** (*shti-men*) (être exact/voter), **die Stimme** (*dii shti-me*) (la voix [dans tous les sens français]), **bestimmen** (*be-shti-men*) (décider/définir/déterminer), **die Bestimmung** (*dii be-shti-moung*) (la décision/la disposition).
die Rechnung →	**rechnen** (*rèch-nen*) (calculer), **sich verrechnen** (*zich fer-rèch-nen*) (faire une erreur de calcul), **der Rechner** (*dèèr rèch-ner*) (le [gros] ordinateur).
in bar zahlen →	**das Bargeld** (*bar-guèlt*) (l'argent en espèces), **die Zahl** (*dii tsaal*) (le nombre), **die Ziffer** (*dii tsi-fer*) (le chiffre), **die Nummer** (*dii nou-mer*) (le numéro).

Les courses pour manger

Vous n'avez pas toujours envie de manger au restaurant ou peut-être aimez-vous faire la cuisine vous-même. Il vous faut alors savoir à quel endroit vous rendre et ce que vous pouvez y acheter.

Voici une liste de magasins où vous pouvez acheter vos provisions, et les catérogies d'articles que vous y trouverez :

- **das Lebensmittelgeschäft** (*das léé-bens-mi-tel-ge-shèft*) (le magasin d'alimentation)
- **der Supermarkt** (*dèèr zouou-per-markt*) (le supermarché)

- **der Markt** (*dèèr markt*) (le marché)
- **die Metzgerei** (*dii mèts-gue-raï*) (la boucherie)
- **die Bäckerei** (*dii bè-ke-raï*) (la boulangerie)
- **die Weinhandlung** (*dii vaïn-h'and-loung*) (le marchand de vin)
- **die Backwaren** (*dii bak-vaa-ren*) (les pains et pâtisseries)
- **das Gebäck** (*das gue-bèk*) (la pâtisserie [que l'on mange])
- **das Gemüse** (*das gue-muu-ze*) (le légume)
- **der Fisch** (*dèèr fish*) (le poisson)
- **das Fleisch** (*das flaïsh*) (la viande)
- **das Obst** (*das obst*) (les/des fruits [**Obst** n'a pas de pluriel])
- **die Spirituosen** (*dii shpi-ri-touou-ôô-zen*) (les spiritueux)

Ce que vous pouvez acheter

Vous trouverez dans ces magasins les articles suivants :

- **das Brot** (*das brôôt*) (le pain)
- **das Brötchen** (*das breueut-chen*) (le petit pain)
- **das Schwarzbrot** (*das shvartz-brôôt*) (le pain bis, le pain noir)
- **das Weißbrot** (*das vaïs-brôôt*) (le pain blanc)
- **der Kuchen** (*der kouou-ghen*) (le gâteau)
- **die Torte** (*dii tor-te*) (la tarte)
- **die Butter** (*dii bou-ter*) (le beurre)
- **der Käse** (*dèèr kèè-ze*) (le fromage)
- **die Milch** (*dii milch*) (le lait)
- **die Sahne** (*dii zaa-ne*) (la crème)
- **die Flunder** (*dii floun-der*) (la plie)
- **der Kabeljau** (*dèèr kaa-bel-iaô*) (le cabillaud)
- **die Krabben** (*dii kra-ben*) (les crevettes)

- **der Krebs** (*dèèr kréébs*) (le crabe)
- **die Muschel** (*dii mou-shel*) (la moule)
- **der Tunfisch** (*dèèr toun-fish*) (le thon)
- **der Apfel** (*dèèr ap-fel*) (la pomme)
- **die Banane** (*dii ba-naa-ne*) (la banane)
- **die Birne** (*dii bir-ne*) (la poire)
- **die Erdbeere** (*dii èrd-béé-re*) (la fraise)
- **die Orange** (*dii ôô-ragn-je*) (l'orange)
- **die Bratwurst** (*dii braat-vourst*) (la saucisse à griller/grillée)
- **das Rindfleisch** (*das rind-flaïsh*) (la viande de bœuf)
- **der Schinken** (*dèèr shin-ken*) (le jambon)
- **das Schweinefleisch** (*dèèr shvaï-ne-flaïsh*) (la viande de porc)
- **der Speck** (*dèèr shpèk*) (le lard/le bacon)
- **die Wurst** (*dii vourst*) (le saucisson/la saucisse)
- **das Hähnchen** (*das h'èèn-chen*) (le poulet)
- **die Bohne** (*dii bôô-ne*) (le haricot)
- **der Brokkoli** (*dèèr brôô-ko-lii*) (le brocoli)
- **die Erbse** (*dii èrp-ze*) (le pois)
- **die Gurke** (*dii gour-ke*) (le cornichon/le concombre)
- **die Kartoffel** (*dii kar-to-fel*) (la pomme de terre)
- **der Kohl** (*dèèr kôôl*) (le chou)
- **der Kopfsalat** (*dèèr kopf-za-laat*) (la laitue)
- **die Möhre** (*dii meueu-re*) (la carotte)
- **der Paprika** (*dèèr pa-prii-ka*) (le poivron)
- **der Pilz** (*dèèr pilts*) (le champignon)
- **der Reis** (*dèèr raïs*) (le riz)
- **der Salat** (*dèèr za-laat*) (la salade)
- **das Sauerkraut** (*das zaôer-kraôt*) (la choucroute)
- **der Spinat** (*dèèr shpi-naat*) (l'épinard)
- **die Tomate** (*dii to-maa-te*) (la tomate)

Chapitre 5 : Dîner au restaurant 129

- **die Zucchini** (*dii tsou-kii-ni*) (la courgette
- **die Zwiebel** (*dii tsvii-bel*) (l'oignon)

Poids et mesures

Demander quelque chose au marché ou au supermarché met en jeu les mêmes phrases qu'au restaurant. Vous dites simplement

Ich hätter gern ... (*ich h'è-te guèrn ...*) (Je voudrais...)

Vous continuez la phrase en précisant s'il y a lieu la quantité désirée au moyen des unités suivantes :

- **ein/zwei Kilo** (*aïn/tsvaï kii-lôô*) (un/deux kilo[s])
- **ein/zwei Pfund** (*aïn/tsvaï pfount*) (une/deux livre[s])
- **ein/einhundert Gramm** (*aïn/aïn-houn-dert gram*) (un/cent gramme[s])
- **ein/zwei Stück** (*aïn/tsvaï shtuk*) (un/deux morceau[x])e
- **eine Scheibe/zwei Scheiben** (*aï-ne shaï-be/tsvaï shaï-ben*) (une tranche/deux tranches)

Et vous terminez la phrase en spécifiant ce que vous voulez. Par exemple, si vous voulez un kilo de pommes, vous dites :

Ich hätte gern ein Kilo Äpfel. (*ich h'è-te guèrn aïn kii-lôô èp-fel*) (Je voudrais un kilo de pommes.)

La quantité demandée ou fournie précède directement le nom sans mot de liaison. Nous disons « une livre de pommes et une tranche de jambon », les Allemands disent **ein Pfund Äpfel und eine Scheibe Schinken**.

L'unité de mesure (**Liter/Pfund/Kilo/Gramm**) ainsi que le mot **Stück** sont invariables (**drei Liter Wein, zwei Stück Brot**), mais le mot **Scheibe** se met au pluriel s'il y a plusieurs tranches.

Mots clés

das Kilo	das kilo	le kilo
das Pfund	das pfount	la livre
das Gramm	das gram	le gramme
wieviel	vii-_fiil_	combien (prix, poids, volume, etc.)
wieviele	vii-_fii_-le	combien (nombre d'éléments)
Das wär's.	das vèèrs	C'est tout.
Was darf es sein?	vas darf ès zaïn	Que désirez-vous ?
Sonst noch etwas?	zonst nogh èt-vas	Encore autre chose ?

Affinités lexicales

Sonst noch etwas? →	**umsonst** (*oum-sonst*) (gratuitement/vainement).
Was darf es sein? →	**dürfen** (*dur-fen*) (avoir la permission), **bedürfen** (*be-dur-fen*) (nécessiter/avoir besoin de), **der Bedarf** (*dèèr be-darf*) (le besoin/la demande [au plan économique]), **das Bedürfnis** (*das be-durf-nis*) (le besoin [dans des cas plus précis]), **erlauben** (*èr-laô-ben*) (autoriser), **die Erlaubnis** (*dii èr-laô-bnis*) (l'autorisation).
wieviel →	**viel** (*fiil*) (beaucoup/nombreux), **die Vielfalt** (*dii fiil-falt*) (la variété), **vielfältig** (*fill-fèl-tich*) (varié), **die Vielfältigkeit** (*dii fiil-fèl-tich-kaït*) (la variété), **vielmehr** (*fil-méér*) (plutôt).

Chapitre 6
Faire des achats

Dans ce chapitre
- Où faire ses emplettes
- Demander de l'aide
- Regarder seulement
- Essayer et acheter des vêtements
- Choisir la taille, la couleur et le tissu

Faire des achats dans un autre pays peut être une excellente occasion d'en découvrir la culture et de rencontrer ses habitants. Entrez dans des magasins spécialisés ou, si vous avez moins de temps, rendez vous dans l'un des grands magasins que l'on trouve dans toutes les villes d'une certaine importance.

Les centres-ville tendent à être assez denses, vous invitant à flâner, et sont des endroits propices au lèche-vitrine – **(der) Schaufensterbummel** (*shaô-fenster-bou-mel*) (littéralement : balade [le long des] vitrines).

Où faire des achats en ville

Voici les principaux emplacements où vous pouvez faire vos achats :

- **das Kaufhaus** (*das kaôf-h'aôs*) (le grand magasin)
- **das Fachgeschäft** (*das fagh-gue-shèft*) (le magasin spécialisé)
- **die Boutique** (*dii bouou-tiik*) (un petit magasin, souvent élégant, vendant des vêtements ou des cadeaux)

- **die Buchhandlung** (*dii bouough-h'and-loung*) (la librairie)
- **die Fußgängerzone** (*dii fouous-guèn-guer-tsôô-ne*) (la zone piétonnière)
- **der Kiosk** (*dèèr kii-osk*) (le kiosque)
- **der Flohmarkt** (*dèèr flôô-markt*) (le marché aux puces)

Les heures d'ouverture

Les heures d'ouverture des magasins ont longtemps été strictement réglementées en Allemagne, mais des législations récentes donnent davantage de latitude aux commerçants dans ce domaine. Il est donc prudent de se renseigner, ce que vous pouvez faire en téléphonant ou en allant au magasin, pour poser l'une des questions ci-après :

- **Wann öffnen Sie?** (*van euf-nen zii*) (Quand ouvrez-vous ?)
- **Wann schließen Sie?** (*van shlii-sen zii*) (Quand fermez-vous ?)
- **Haben Sie mittags geöffnet?** (*h'aa-ben zii mi-taagks gue-euf-net*) (Êtes-vous ouvert à l'heure du déjeuner ?)
- **Um wieviel Uhr schließen Sie am Samstag?** (*oum vii-fiil ouour shlii-sen zii am zams-tagk*) (À quelle heure fermez-vous le samedi ?)

Dans un grand magasin

Si vous avez besoin d'aide pour trouver un article dans un grand magasin, vous pouvez vous adresser au comptoir d'information – **die Auskunft** (*dii aôs-kounft*) ou **die Information** (*dii in-for-ma-tsiôôn*).

Vous pouvez demander l'article en indiquant son nom au moyen de l'une des deux expressions suivantes, en la complétant du pluriel de l'objet cherché :

- **Wo bekomme ich ... ?** (*vôô be-ko-me ich*) (Où est-ce que je me procure... ?)
- **Wo finde ich ... ?** (*vôô fin-de ich*) (Où est-ce que je trouve... ?)

On vous répondra... **führen wir nicht** (*... fuu-ren viir nicht*) (Nous ne vendons pas...) ou vous serez dirigé vers le rayon approprié du magasin, grâce à l'une des expressions suivantes :

- **Im Erdgeschoss.** (*im èrd-gue-shos*) (Au rez-de-chaussée. [**das Erdgeschoss**])
- **Im Untergeschoss.** (*im oun-ter-gue-shos*) (Au sous-sol.)
- **In der ... Etage.** (*in dèèr ... é-taa-je*) (Au... étage. [**die Etage** en allemand])
- **Im ... Stock.** (*im ... shtok*) (Au ... étage.)
- **Eine Etage höher.** (*aï-ne é-taa-je h'eu-er*) (Un étage plus haut.)
- **Eine Etage tiefer.** (*aï-ne é-taa-je tii-fer*) (Un étage plus bas.)

Si vous voulez vous promener dans un rayon particulier ou savoir comment passer d'un étage à l'autre du magasin, vous pouvez vous servir de l'expression **Wo finde ich ... ?** (*vôô fin-de ich*) (Où puis-je trouver ... ?), suivie du nom du rayon ou de l'endroit que vous désirez utiliser, en mettant l'article et le nom à l'accusatif :

- **Haushaltsgeräte** (*h'aôs-h'alts-ge-rèè-te*) (des appareils ménagers [**das Haushalgerät**])
- **die Herrenabteilung** (*dii hè-ren-ab-taï-loung*) (le rayon messieurs)
- **die Damenabteilung** (*dii daa-men-ab-taï-loung*) (le rayon dames)
- **die Kinderabteilung** (*dii kin-der-ab-taï-loung*) (le rayon enfants)
- **die Schuhabteilung** (*dii shouou-ab-taï-loung*) (le rayon des chaussures)

- **den Aufzug/den Fahrstuhl** (*déén aôf-tsougk/déén faar-shtououl*) (l'ascenseur)
- **die Rolltreppe** (*dii rol-trè-pe*) (l'escalier roulant)

Demander poliment

Dire « s'il vous plaît » et « excusez-moi » peut vous être d'un grand secours dans n'importe quelle situation. Si vous faites des courses, ces mots magiques peuvent faire la différence entre une réponse calme, claire et prononcée lentement, et un service laissant à désirer.

Dire s'il vous plaît

Si vous demandez à quelqu'un de vous aider (ou d'ailleurs n'importe quoi d'autre), cela vaut la peine d'ajouter **bitte** (*bi-te*) (s'il vous plaît) à votre demande. Vous pouvez ajouter **bitte** à pratiquement n'importe quelle question, y compris les expressions listées dans le paragraphe précédent. On peut placer ce mot à différents endroits, mais il est plus facile, et généralement moins risqué du point de vue grammatical de le placer à la fin de votre demande. Par exemple :

- **Wo finde ich Schuhe, bitte?** (*vôô fin-de ich shouou-e, bi-te*) (Où puis-je trouver des chaussures, s'il vous plaît ?)
- **Wo ist der Aufzug, bitte?** (*vôô ist dèèr aôf-tsougk, bi-te*) (Où est l'ascenseur, s'il vous plaît?)

Dire excusez-moi

Quand vous demandez de l'aide, vous pouvez être particulièrement aimable et insérer **Entschuldigen Sie, bitte ...** (*ènt-shoul-di-guen zii, bi-te*) (Excusez[-moi], s'il vous plaît) au début de votre demande. Cela prend un peu de temps parce que ce n'est pas bien facile à prononcer ? Ne vous inquiétez pas, les gens comprendront tout de suite ce que vous dites. En outre, ce début de phrase donne à la personne à qui vous vous adressez le temps de se focaliser et de vous écouter, et quand vous dites effectivement ce que vous voulez, elle est en phase avec vous.

Voici des exemples de l'utilisation de cette expression au début d'une question :

- **Entschuldigen Sie, bitte, wo sind die Toiletten?** (ènt-_shoul_-di-guen zii, _bi_-te, vôô zint dii to-aa-_lè_-ten) (Excusez-moi, s'il vous plaît, où sont les toilettes ?)
- **Entschuldigen Sie, bitte, wo finde ich Wintermäntel?** (ènt-_shoul_-di-guen zii, _bi_-te, vôô _fin_-de ich _vin_-ter-_mèn_-tel) (Excusez-moi, s'il vous plaît, où puis-je trouver des manteaux d'hiver?)

Si c'est trop long pour vous, placez le mot **Entschuldigung** (ènt-_shoul_-di-goung) (Pardon) devant ce que vous allez demander :

Entschuldigung. Wo ist der Ausgang, bitte? (ènt-_shoul_-di-goung, vôô ist dèèr _aôs_-gang, _bi_-te) (Pardon. Où est la sortie, s'il vous plaît ?)

Regarder seulement

Parfois vous voulez seulement regarder vous-même les articles sans l'assistance de personne. Cependant, le personnel du magasin peut vous offrir son aide en disant par exemple :

- **Suchen Sie etwas Bestimmtes?** (_zouou_-ghen zii èt-vas be-_shtim_-tes) (Cherchez-vous quelque chose en particulier ?)
- **Kann ich Ihnen behilflich sein?** (kan ich _ii_-nen be-_h'ilf_-lich zaïn) (Puis-je vous aider ?)

Si votre intention est simplement de regarder, l'expression suivante vous permet de refuser poliment l'assistance proposée :

Ich möchte mich nur umsehen. (ich _meuch_-te mich nouour _oum_-zéé-en) (Je voudrais seulement regarder.)

Le vendeur ou la vendeuse vous fera sans doute savoir que vous êtes libre de regarder à votre guise par l'une des phrases suivantes :

- **Aber natürlich. Sagen Sie Bescheid, wenn Sie eine Frage haben.** (_aa_-ber na-_tuur_-lich. _zaa_-guen zii be-_shaït_, vèn zii _aï_-ne _fraa_-gue h'_aa_-ben) (Mais naturellement. Prévenez-moi, si vous avez une question.)

- **Rufen Sie mich, wenn Sie eine Frage haben.** (_rouou_-fen zii mich, vèn zii _aï_-ne _fraa_-gue h'_aa_-ben) (Appelez-moi, si vous avez une question.)

Obtenir de l'assistance

Dans certaines situations, vous pouvez souhaiter une assistance ou en avoir vraiment besoin. Voici quelques phrases appropriées :

- **Würden Sie mir bitte helfen? Ich suche ...** (_vuur_-den zii mir _bi_-te h'_èl_-fen? ich _zouou_-ghe ...) (Pourriez-vous m'aider s'il vous plaît ? Je cherche ...)

- **Aber gern, hier entlang bitte.** (_aa_-ber guèrn, h'iir ènt-_lang_ _bi_-te) (Mais avec plaisir, par ici s'il vous plaît.)

- **Welche Größe suchen Sie?** (_vèl_-che _greueu_-se _zouou_-ghen zii) (Quelle taille cherchez-vous ?)

- **Welche Farbe soll es sein?** (_vèl_-che _far_-be sol ès zaïn) (De quelle couleur voulez-vous que ce soit ?)

- **Wie gefällt Ihnen diese Farbe?** (vii ge-_fèlt_ _ii_-nen _dii_-ze _far_-be) (Comment trouvez-vous cette couleur ?)

Vous constaterez dans la plupart des magasins d'Allemagne, d'Autriche et de Suisse que le personnel est compétent et bien informé. C'est en partie dû au système d'éducation. Le personnel de vente, comme celui de la plupart des métiers, passe par une période d'apprentissage de trois ans combinant la formation sur le tas à des cours dans une école professionnelle.

Mots clés

der Aufzug	dèèr a̲ô̲f-tsougk	l'ascenseur
die Rolltreppe	dii ro̲l-trè-pe	l'escalier roulant
die Abteilung	dii ab-ta̲ï-loung	le rayon
hier entlang	h'iir ent-la̲ng	par ici
gefallen	ge-fa̲-len	plaire
die Größe	dii g̲reueu̲-se	la taille
die Farbe	dii fa̲r-be	la couleur

Affinités lexicales

die Farbe →	**farbig** (*fa̲r-bish*) (coloré), **die Grundfarben** (*dii g̲rount-faar-ben*) (les couleurs fondamentales [parmi lesquelles **schwarz** (*shvarts*) (noir), **weiß** (*vaïs*) (blanc), **rot** (*rôôt*) (rouge), **gelb** (*guèlp*) (jaune), **grün** (*gruun*) (vert), **blau** (*blaô*) (bleu)]), **färben** (*fè̲è̲r-ben*) (colorer), **die Färbung** (*dii fè̲è̲r-boung*) (la coloration/la nuance), **entfärben** (*ènt-fè̲è̲r-ben*) (décolorer), **malen** (*ma̲a-len*) (peindre), **der Maler** (*dèèr ma̲a-ler*) (le peintre), **die Malerei** (*dii maa-le-ra̲ï*) (la peinture), **zeichnen** (*tsa̲ïch-nen*) (dessiner), **die Zeichnung** (*dii tsa̲ïch-noung*) (le dessin), **der Zeichner** (*dèèr tsa̲ïch-ner*) (le dessinateur), **das Zeichen** (*das tsa̲ï-chen*) (le signe).
die Größe →	**die Größenordnung** (*dii g̲reueu-sen-ord-noung*) (l'ordre de grandeur), **vergrößern** (*fer-g̲reueu-sern*) (agrandir).
gefallen →	**fallen** (*fa̲-len*) (tomber), **mißfallen** (*mis-fa̲-len*) (déplaire), **die Falle** (*dii fa̲-le*) (le piège), **der Fall** (*dèèr fal*) (la chute/le cas), **der freie Fall** (*dèèr fra̲ï-e fal*) (la chute libre), **auf jeden Fall** (*aôf ié̲é-den fal*) (en tout cas), **fällen** (*fè̲-len*) (faire tomber/abattre [un arbre]).

die Abteilung →	**teilen** (*taï-len*) (partager), **verteilen** (*fer-taï-len*) (répartir), **der Teil** (*dèèr taïl*) (la partie/la portion), **das Teil** (*das taïl*) (la pièce [détachée]), **teilnehmen** (*taïl-néé-men*) (prendre part), **die Teilnahme** (*dii taïl-naa-me*) (la participation), **der Anteil** (*dèèr an-taïl*) (la part [qui revient à quelqu'un]), **der Vorteil** (*dèèr fôr-taïl*) (l'avantage), **der Nachteil** (*dèèr nagh-taïl*) (l'inconvénient), **das Abteil** (*das ap-taïl*) (le compartiment [de chemin de fer]).
der Aufzug →	**Der Zug** (*dèèr tsougk*) (le train/le trait [la caractéristique]), **ziehen** (*tsii-en*) (tirer), **vorziehen** (*fôôr-tsii-en*) (préférer), **der Vorzug** (*dèèr fôôr-tsouougk*) (l'avantage).

Achat de vêtements

Comme dans d'autres langues dont le français, certains noms d'objets vestimentaires sont unisexes en allemand, d'autres désignent uniquement des objets destinés à l'un des deux sexes.

Voici d'abord quelques articles pour femmes :

- **Die Bluse** (*dii blouou-ze*) (le corsage)
- **das Kleid** (*das klaïd*) (le costume/la robe)
- **das Kostüm** (*das kos-tuum*) (l'ensemble)
- **der Hosenanzug** (*dèèr h'ôô-zen-an-tsougk*) (le costume avec pantalon)
- **der Rock** (*dèèr rok*) (la jupe)

Les mots suivants s'appliquent surtout aux vêtements pour hommes :

- **das Oberhemd** (*das ôô-ber-h'èmt*) (la chemise)
- **der Anzug** (*dèèr an-tsougk*) (le costume)

Les articles suivants peuvent être portés aussi bien par des hommes que par des femmes :

- **der Pullover** (*dèèr pou-lôô-ver*) (le pullover)
- **die Jacke** (*dii ia-ke*) (le cardigan/la veste)

- **der Blazer** (*dèèr blèè-zer*) (le blazer)
- **die Weste** (*dii vès-te*) (la veste)
- **die Krawatte** (*dii kra-va-te*) (la cravate)
- **der Mantel** (*dèèr man-tel*) (le manteau)
- **die Hose** (*dii h'ôô-ze*) (le pantalon)
- **das Hemd** (*das h'èmd*) (la chemise)
- **das T-Shirt** (*das ti-sheurt*) (le T-shirt)

Tous ces articles peuvent avoir différents styles et utiliser différents matériaux, par exemple :

- **die Seide** (*dii zaï-de*) (la soie)
- **die Wolle** (*dii vo-le*) (la laine)
- **die Baumwolle** (*dii baôm-vo-le*) (le coton)
- **das Leinen** (*das laï-nen*) (le lin)
- **das Leder** (*das léé-der*) (le cuir)
- **gestreift** (*gue-shtraïft*) (rayé)
- **kariert** (*ka-riirt*) (à carreaux)
- **geblümt** (*gue-bluumt*) (à fleurs)
- **gepunktet** (*gue-pounk-tet*) (avec des points)
- **einfarbig** (*aïn-far-bigk*) (uni)
- **sportlich** (*shport-lish*) (de sport)
- **elegant** (*é-lé-gann't*) (élégant)

Les couleurs

Et ils peuvent être de différentes couleurs :

- **schwarz** (*shvarts*) (noir)
- **weiß** (*vaïs*) (blanc)
- **rot** (*rôôt*) (rouge)
- **grün** (*gruun*) (vert)
- **gelb** (*guèlp*) (jaune)
- **blau** (*blaô*) (bleu)

Ces mots sont tous des adjectifs. Pour voir comment les insérer dans des expressions et des phrases, allez au chapitre 2, où se trouvent les précisions voulues sur la déclinaison des articles et des adjectifs.

Les tailles

Si vous connaissez la taille appropriée en France, vous n'aurez aucune difficulté à trouver les vêtements correspondants en Allemagne, qu'il s'agisse de vêtements féminins ou masculins : il vous suffit de choisir la taille immédiatement inférieure. Un 40 français correspond à un 38 allemand.

L'essayage

Ayant trouvé quelque chose qui vous paraît intéressant, vous voulez probablement l'essayer. Vous pouvez poser la question suivante à la vendeuse, en y insérant le nom de l'article concerné :

Kann ich ... anprobieren? (*kan ich ... an-pro-bii-ren*) (Puis-je essayer ...)

La vendeuse peut aussi vous proposer de l'essayer et vous dire :

Möchten Sie ... anprobieren? (*meuch-ten zii ... an-pro-bii-ren*) (Voulez-vous essayer ... ?)

Dans les deux cas, le but est d'accéder à une cabine d'essayage, au sujet de laquelle vous pouvez vous renseigner en disant :

Wo sind die Umkleidekabinen? (*vôô zint dii oum-klaï-de-ka-bii-nen*) (Où sont les cabines d'essayage ?)

Après l'essai du vêtement, la vendeuse peut vous poser l'une des questions suivantes pour apprendre si vous avez aimé ce que vous venez d'essayer :

- **Passt ... ?** (*past ...*) (... vous va-t-il/elle ?)
- **Wie passt ... ?** (*vii past ...*) (Comment vous va ... ?)
- **Gefällt Ihnen ... ?** (*gue-fèlt ii-nen ...?*) (... vous plaît-il/elle ?)

Vous pouvez répondre de l'une des manières suivantes selon la façon dont s'est passé l'essayage :

- **Nein, ... ist zu lang/kurz/eng/weit/groß/klein.** (*naïn ... ist tsou lang/kourts/èng/vaït/gros/klaïn*) (Non, ... est trop long/court/étroit/large/grand/petit.)
- **Können Sie mir eine andere Größe bringen?** (*keu-nen zii mir aï-ne an-de-re greueu-se brin-guen*) (Pouvez-vous m'apporter une autre taille ?)
- **... past seht gut.** (*...past zéér gouout*) (... est tout à fait ma taille.)
- **... steht mir.** (*... shtéét mir*) (... me va bien.)
- **... gefällt mir.** (*... ge-fèlt mir*) (... me plaît.)
- **Ich nehme ...** (*ich néé-me*) (Je prends ...)

Mots clés

auch	aôgh	aussi
ganz	gants	tout à fait
gut	gouout	bon/bien
sehr	zéér	très
freuen	froï-en	réjouir
gehen	gué-en	aller
kennenlernen	kè-nen-lèr-nen	faire la connaissance de
vorstellen	fôôr-shtè-len	présenter
der Freund	dèr froïnt	l'ami
die Freundin	dii froïn-din	l'amie

Affinités lexicales

stehen →   **verstehen** (*fer-shtéé-en*) (comprendre), **gestehen** (*gue-shtéé-en*) (avouer), **der Verstand** (*dèèr fer-shtand*) (la raison/l'intellect), **verständlich** (*fer-shtènd-lich*) (compréhensible), **unverständlich** (*oun-fer-shtènd-lich*) (incompréhensible).

groß →	großartig (*grôôs-ar-tish*) (grandiose), **die Größe** (*dii greueu-se*) (la taille), **großzügig** (*grôôs-tsuu-guish*) (large d'esprit/généreux), **die Großzügigkeit** (*dii grôôs-tsuu-guich-kaït*) (la générosité).
kurz →	**verkürzen** (*fer-kuur-tsen*) (raccourcir), **kurzsichtig** (*kourts-zich-tish*) (myope)
lang →	**die Länge** (*dii lèn-gue*) (la longueur), **... entlang** (*ènt-lang*) (le long de ...), **die Langweile** (*dii lang-vaï-le*) (l'ennui), **langweilig** (*lang-vaï-lish*) (ennuyeux).

Payer la facture

La plupart du temps, quand vous faites des achats, l'article comporte une étiquette vous disant exactement ce qu'il coûte. Le prix indiqué est celui que vous payez à la caisse, y compris la TVA. Si vous ne résidez pas dans un pays de l'Union européenne, vous pouvez le plus souvent obtenir un remboursement de la TVA en quittant l'UE. La TVA s'appelle **die Mehrwertsteuer (Mwst)** (*dii méér-vèrt-shtoïer*) en allemand.

De temps à autre, vous pouvez vous trouver dans une situation où il vous faut demander **der Preis** (*dèèr praïs*) (le prix) d'un article, si par exemple l'étiquette comportant le prix s'est détachée. Voici comment poser la question :

Mots clés

akosten	kos-ten	coûter
der Preis	dèèr praïs	le prix
die Mehrwertsteuer	dii méér-vèrt-shtoï-er	la taxe à la valeur ajoutée

✔ **Was kostet ... ?** (*vas kos-tet*) (Combien coûte ... ?)

✔ **Wieviel kostet ... ?** (*vii-fiil kos-tet*) (Combien coûte ... ?)

Affinités lexicales

die Mehrwertsteuer →	**mehr** (*méér*) (plus), **mehrere** (*méé-re-re*) (plusieurs), **vermehren** (*fer-méé-ren*) (augmenter), **mehrmals** (*méér-mals*) (plusieurs fois), **der Wert** (*dèèr vèrt*) (la valeur), **wertvoll** (*vèrt-fol*) (précieux), **bewerten** (*be-ver-ten*) (déterminer la valeur de), **die Steuer** (*dii shtoï-er*) (l'impôt), **die Steuerbehörde/das Finanzamt** (*dii shtoï-er-be-h'eueur-de/das fi-nants-amt*) (le fisc), **das Steuer** (*das shtoïer*) (le volant [véhicule]/la barre [bateau]), **steuern** (*shtoï-ern*) (conduire/barrer/diriger).
der Preis →	**preiswert** (*praïs-vèrt*) (bon marché), **preisen** (*praï-zen*) (faire l'éloge de)
kosten →	**kostbar** (*kost-bar*) (précieux), **kostspielig** (*kost-spii-lish*) (coûteux), **wohlfeil/billig** (*vôôl-faïl/bi-lish*) (bon marché).

Les comparaisons

En français, les comparaisons mettent en jeu un adverbe comme « plus » (ou moins), un adjectif ou un adverbe et le mot « que ».

Pour dire plus ..., l'allemand utilise systématiquement une forme spéciale de l'adjectif ou de l'adverbe, obtenue en lui ajoutant la désinence **-er** : **schön** (*sheueun*) (beau) devient alors **schöner** (*sheuu-ner*) (plus beau), et dans certains cas en le dotant aussi d'un **Umlaut** : **lang** (*lang*) (long) devient ainsi **länger** (*lèn-guer*) (plus long). Le mot reliant les deux termes de la comparaison est **als**. Voici quelques exemples :

- **Die grünen Schuhe sind teurer als die weißen.** (*dii gruu-nen shouou-e zint toï-rer als dii vaï-sen*) (Les chaussures vertes sont plus chères que les blanches.)
- **Das blaue Kleid gefällt mir besser als der grün-weiß gestreifte.** (*das blaô-e klaït gue-fèlt mir bè-ser als dèèr gruun-vaïs gue-shtraïf-te*) (La robe bleue me plaît mieux que celle à rayures bleues et vertes.)
- **Der gelbe Rock ist länger als der schwarze.** (*dèèr guèl-be rok ist lèèn-guer als dèèr shvart-se*) (La jupe jaune est plus longue que la noire.)
- **Hamburg ist größer als Düsseldorf.** (*h'am-bourg ist greueu-ser als du-sel-dorf*) (Hambourg est plus grand que Dusseldorf.)

Chapitre 7

Sortir et se détendre

Dans ce chapitre
- S'informer sur les films, les musées et le théâtre
- Parler des distractions
- Aller à une soirée
- Les violons d'Ingres
- Le sport
- En dehors de la ville : les animaux et les plantes

Ce chapitre est consacré aux réjouissances – qu'il s'agisse d'aller voir un film, une pièce de théâtre, une exposition artistique ou de se rendre à une soirée.

Les lieux de spectacle, les musées, les galeries d'art et les expositions sont très nombreuses en Allemagne, où les institutions culturelles sont aidées par des fonds des États ou de l'administration fédérale. Pour en profiter, renseignez-vous sur ces établissements. Tout comme en France, la presse comporte des guides hebdomadaires des événements d'une région (**der Veranstaltungskalender** (*dèèr fer-an-shtal-toung ka-lèn-der*) (le calendrier des événements).

Avant de vous lancer dans un programme de découverte des richesses culturelles et des distractions, vous avez besoin de connaître au moins les noms des jours de la semaine et la façon de dire l'heure en allemand.

Qu'aimeriez-vous faire ?

Pour échanger des idées sur ce que vous pourriez faire lors de votre séjour dans un pays de langue allemande, vous pourriez demander :

> **Was wollen wir unternehmen?** (*vas vo-len vir ounter-néé-men*) (Que voulons-nous faire ?)

C'est une formule courante pour demander à quelqu'un ce que vous pourriez faire ensemble.

Voici quelques expressions pour vous renseigner sur les projets d'une autre personne :

- **Haben Sie (heute Abend) etwas vor?** (*h'aa-ben zii [h'oï-te aa-bent] èt-vas fôôr*) (Avez-vous prévu de faire quelque chose [ce soir] ?)
- **Hast du (morgen Vormittag) etwas vor?** (*h'ast dou [mor-guen fôôr-mi-tagk] èt-vas fôôr?*) (Prévois-tu de faire quelque chose [demain matin] ?)
- **Haben Sie (heute Abend) Zeit?** (*h'aa-ben zii [hoï-te aa-bent] tsaït?*) (Avez-vous du temps [ce soir] ?)

Aller au cinéma

Voir des films dans une langue que vous voulez apprendre vous aide à assimiler de nouveaux mots, à acquérir des expressions utiles, et vous permet d'entrevoir certains aspects de la culture qui se cache derrière les mots. En outre, vous pouvez de cette manière vous habituer à la façon de parler de nombreux locuteurs différents.

Voici comment exprimer votre souhait d'aller au cinéma :

- **Ich möchte ins Kino gehen.** (*ich meuch-te ins kii-nô guéé-en*) (Je voudrais aller au cinéma.)
- **Ich möchte einen Film sehen.** (*ich meuch-te aï-nen film zéé-en*) (Je voudrais voir un film.)

Trouver le bon film

Si vous cherchez quel film vous pourriez voir, vous pouvez consulter les programmes figurant dans les journaux. Ils vous indiquent en général tout ce que vous avez besoin de savoir sur **die Vorstellung** (*dii fôôr-shtè-loung*) (la représentation) : quand et où le film se joue ; qui sont les acteurs ; et si le spectacle est en version originale – **im Original** (*im o-ri-gui-naal*) ou s'il est doublé – **synchronisiert** (*zun-krô-ni-ziirt*) (doublé). Voyez l'encadré « Quelle sensation étrange » pour plus d'informations sur les langues dans les films.

Si vous ne disposez pas d'un journal pour vous donner toutes les informations, vous pouvez vous renseigner en posant les questions suivantes :

- **In welchem Kino läuft ...?** (*in vèl-chem kii-nô loïft ...?*) (Dans quel cinéma passe ... ?)

Quelle sensation étrange

La plupart des films étrangers présentés dans les salles allemandes sont doublés en allemand. Vous trouverez bizarre au début d'entendre vos acteurs préférés, français, britanniques, italiens ou américains s'exprimer en allemand, mais le doublage est toujours excellent et, après quelques minutes, vous trouverez la chose tout à fait normale. De temps à autre, et notamment dans des cinéclubs, des films étrangers sont présentés en version originale sous-titrée en allemand – **Originalfassung mit deutschen Untertiteln** (*o-ri-gui-naal fa-soung mit doït-shen oun-ter-ti-teln*) (version originale avec sous-titres allemands).

En Suisse, pays multilingue, les films étrangers sont généralement présentés en version originale, assortie de sous-titres allemands, français ou italien selon la langue officielle du canton où passe le film.

- **Um wieviel Uhr beginnt die Vorstellung?** (*oum vii-fiil ouour be-guint dii fôôr-shtè-loung*) (À quelle heure est la séance ?)
- **Läuft der Film im Original oder ist er synchronisiert?** (*leuft dèèr film im o-ri-gui-naal oo-der ist èèr zun-krô-ni-ziirt?*) (Le film passe-t-il en version originale ou est-il doublé ?)

Acheter les billets

Vous pouvez utiliser l'expression suivante pour acheter des billets, qu'il s'agisse d'aller à l'opéra, au cinéma ou de visiter un musée :

Ich möchte ... Karten für ... (*ich meuch-te ... kar-ten fuur ...*) (Je voudrais ... billets pour ...)

Mots clés

das Kino	das kii-nô	le cinéma
der Spielfilm	dèèr shpiil-film	le long métrage
die Vorstellung	dii fôôr-shtè-loung	la séance
die Karte	dii kar-te	le billet/ticket
die Eintrittskarte	dii aïn-trits-kar-te	le billet/ticket d'entrée
der Platz	dèèr plats	la place
spannend	shpa-nent	saisissant/passionnant
sehen	zéé-en	voir
laufen	laô-fen	passer

La personne à qui vous avez demandé les billets vous fournira peut-être des informations sur le spectacle, par exemple :

- **Die Vorstellung hat schon begonnen.** (*dii fôôr-shtè-loun h'at shôôn be-go-nen*) (La représentation est déjà commencée.)
- **Die ...Uhr-Vorstellung ist leider ausverkauft.** (*dii ...ouour-fôôr-shtè-loung ist laï-der aôs-fer-kaôft*) (Il n'y a plus de places pour la représentation de ... heures.)
- **Wir haben noch Karten für die Vorstellung um ... Uhr.** (*vir h'aa-gen nogh kar-ten fuur dii fôôr-shtè-loung oum ... ouour*) (Nous avons encore des places pour la représentation de ... heures.)

Ces expressions peuvent être utilisées à propos de n'importe quel spectacle : cinéma, concert, théâtre...

Affinités lexicales

laufen →	**verlaufen** (*fer-laô-fen*) (se passer/se dérouler), **der Verlauf** (*dèèr fer-laôf*) (le déroulement), **geläufig** (*gue-loï-fish*) (usuel/courant).
spannend →	**spannen** (*shpa-nen*) (tendre [un arc]/atteler [un cheval]), **die Spanne** (*dii shpa-ne*) (la marge [bénéficiaire]), **die Zeitspanne** (*dii tsaït-shpa-ne*) (l'espace de temps).
die Eintrittskarte →	**der Eintritt** (*dèèr aïn-trit*) (l'entrée = action d'entrer), **der Eingang** (*dèèr aïn-gang*) (l'entrée = endroit par où l'on entre), **eintreten** (*aïn-tréé-ten*) (entrer), **austreten** (*aôs-tréé-ten*) (sortir), **vertreten** (*fer-tréé-ten*) (représenter/être présent à la place de [quelqu'un]), **der Vertreter** (*dèèr fer-tréé-ter*) (le représentant).
der Spielfilm →	**das Spiel** (*das shpiil*) (le jeu), **spielen** (*spii-len*) (jouer), **das Spielzeug** (*das shpiil-tszoïgk*) (le jouet), **das ist ein Kinderspiel!** (*das ist aïn kin-der-shpiil*) (c'est un jeu d'enfant !), **filmen** (*fil-men*) (filmer).

Le passé du verbe sein

Vous êtes déjà familiarisé avec le présent de **sein** (*zaïn*) (être) : **Ich bin/du bist** (*ich bin/du bist*) (tu es/il est), et ainsi de suite. (Revoyez le chapitre 2 pour plus d'informations sur le verbe **sein**.) Pour parler des choses du passé – comme dans j'étais/je fus, il était/il fut, nous étions/nous fûmes, ils étaient/ils furent – vous mettez le verbe **sein** au passé. Ce temps s'appelle en allemand **das Imperfekt**, et il remplace aussi bien le passé simple que l'imparfait du français. (Nous avions déjà vu au chapitre 5 que le mode **konjunktif** suffisait à exprimer aussi bien le mode conditionnel que le mode subjonctif du français. Qui a essayé de vous faire croire que l'allemand est une langue difficile ?) Voici le passé du verbe **sein** :

Conjugaison	Prononciation	Traduction
ich war	*ich vaar*	j'étais/je fus
du warst	*dou vaarst*	tu étais/fus
Sie waren	*zii vaa-ren*	Vous étiez/fûtes (vouvoiement au singulier)
er/sie/es war	*èr/zii/ès vaar*	il/elle/c'était/fût
wir waren	*vir vaa-ren*	nous étions/fûmes
ihr wart	*iir vaart*	vous étiez/fûtes (tutoiement au pluriel)
Sie waren	*zii vaa-ren*	vous étiez/fûtes (vouvoiement au pluriel)
sie waren	*zii vaa-ren*	ils/elles étaient/furent

Vous pouvez utiliser **sein** au passé pour exprimer différentes idées et poser des questions. Voici quelques exemples :

- **Ich war gestern im Kino.** (*ich var guès-tern im kii-nô*) (Je suis allé hier au cinéma.)

- **Vorgestern war Sonntag.** (*fôôr-guès-tern var zon-tagk*) (Avant-hier c'était dimanche.)
- **Wie war der Film?** (*vii var dèèr film*) (Comment était le film ?)
- **Wir waren heute Morgen im Kunstmuseum.** (*vir vaa-ren h'oï-te mor-guen im kounst-mou-zéé-oum*) (Nous étions ce matin au musée des Beaux-Arts.)
- **Warst du letzte Woche in der Schule?** (*varst dou lèts-te vo-che in dèèr shouou-le*) (Es-tu allé à l'école la semaine dernière ?)
- **Wo waren Sie am Freitag?** (*vôô vaa-ren zii am fraï-tagk*) (Où étiez-vous vendredi ?)

Visite d'un musée

L'Allemagne a une longue et riche tradition culturelle et compte de très nombreux musées répartis sur tout son territoire. La plupart des musées allemands reçoivent des fonds d'un État ou de l'administration fédérale, les tickets d'entrée sont donc très abordables.

Si l'art vous intéresse, vous devez faire attention au mot **Kunstmuseum** (*kounst-mou-zéé-oum*) (musée des Beaux-arts). Pour découvrir les trésors artistiques d'une région, allez voir le **Landesmuseum** (*lan-des-mou-zéé-oum*) (musée de l'État) situé dans la capitale de chaque État.

Pour les passionnés d'histoire, il y a le **Historisches Museum** (*h'is-tôô-ri-shes mou-zéé-oum*) (musée d'Histoire), et si vous êtes fascinée par l'histoire naturelle, visitez le **Natursgeschichtliches Museum** (*na-touour-gue-shich-tli-ches mou-zéé-oum*) (musée d'Histoire naturelle). Vous trouverez des musées spécialisés dans presque tous les aspects de la culture.

La prochaine fois que quelqu'un vous demande ce que vous aimeriez faire, dite simplement :

Ich möchte ins Museum gehen. (*ich meuch-te ins mou-zéé-oum guéé-en*) (Je voudrais aller au musée.)

Si vous voulez ne pas rater une exposition, voici les phrases à utiliser :

- **Ich möchte die ... Ausstellung sehen.** (*ich meuch-te dii ...aôs-shtè-loung zéé-en*) (Je voudrais voir l'exposition ...)
- **In welchem Museum läuft die ... Ausstellung?** (*in vèl-chem mou-zéé-oum loïft dii ... aôs-shtè-loung*) (Dans quel musée se déroule l'exposition ?)
- **Ist das Museum sonntags geöffnet?** (*ist das mou-zéé-oum zon-tagks gue-euf-net*) (Le musée est-il ouvert le dimanche ?)
- **Um wieviel Uhr öffnet das Museum?** (*oum vii-fiil ouour euf-net das mou-zéé-oum*) (À quelle heure le musée ouvre-t-il ?)
- **Haben Sie eine Sonderausstellung?** (*h'aa-ben zii aï-ne zon-der-aôs-shtè-loung*) (Avez-vous une exposition particulière ?)

Fermé le lundi

Amateurs de musées, attention : en Allemagne comme dans beaucoup de pays européens dont la France, de nombreux musées et autres institutions culturelles sont fermés le lundi, **montags geschlossen** (*mon-tagks gue-shlo-sen*). Vérifiez bien les heures d'ouverture, **die Öffnungszeiten** (*dii euf-noungs-tsaï-ten*), avant de vous y rendre.

Parler des actions au passé

Plus haut dans ce chapitre nous avons vu comment utiliser le temps **Imperfekt** du verbe **sein** pour dire des choses simples comme « Je suis allé au musée hier » ou « Il faisait froid hier ». Pour communiquer toute une gamme d'actions au passé, vous avez besoin d'autres mots.

Le temps **Perfekt** (*per-fekt*) (analogue au passé composé français) est la combinaison idéale. Pour composer ce temps, vous associez deux éléments :

1. La forme appropriée du présent du verbe **haben** (*h'aa-ben*) (avoir) ou du verbe **sein** (*zaïn*) (être). Si la phrase est une question, cette forme du temps présent est le premier mot de la phrase. Si la phrase est une simple déclaration ou description, ce verbe au présent est en deuxième position dans la phrase. Exemples :

   Sind Jan und Mona ins Museum gegangen? (*zint ian ount mô-na ins mou-zéé-oum gue-gan-guen*) (Jan et Mona sont-ils allés au musée ?)

   Jan und Mona sind ins Museum gegangen. (*ian ount mô-na zint ins mou-zéé-oum gue-gan-guen*) (Jan et Mona sont allés au musée.)

2. le participe passé du verbe principal, qui est renvoyé à la fin de la phrase. Exemple :

   Jan und Mona haben die Ausstellung gesehen.

La sous-section suivante montre comment former le participe passé d'un verbe quel qu'il soit. Vous y apprendrez à distinguer diverses catégories de verbe pour former correctement ce participe passé.

Le choix entre **haben** ou **sein** dépend du verbe principal auquel vous avez affaire. Disons simplement que certains verbes exigent **haben**, tandis que d'autres exigent **sein**. Il y a à cet égard des analogies entre le français et l'allemand, mais certains verbes français qui forment leur passé composé avec « avoir » ont pour homologue un verbe allemand qui forme le **Perfekt** avec **sein**, et vice versa. Le cas le plus frappant de non correspondance est celui du verbe « être », dont le passé composé se forme avec « avoir » (j'ai été...), alors que le **Perfekt** de **sein** se forme avec **sein** : « j'ai été... » se dit **ich bin ... gewesen**.

Vous pouvez considérer le **Perfekt** comme une véritable panacée, vous permettant d'évoquer tout ce qui se rattache au passé. Dans la langue parlée, ce temps est encore plus utilisé que son homologue français, le passé composé. C'est grâce à lui que cet ouvrage, consacré en priorité à l'allemand parlé, peut se permette de faire l'impasse sur d'autres temps du passé comme l'**Imperfekt** – à l'exception de l'**Imperfekt** du verbe **sein**, lui aussi très couramment utilisé.

Compte tenu du grand intérêt pratique du **Perfekt**, le livre lui consacre trois sous-sections. Quand vous les aurez lues, vous saurez utiliser correctement au **Perfekt** n'importe quel verbe allemand sans exception, c'est promis !

La première sous-section montre comment se forme le participe passé des différents types de verbe allemands. Vous verrez que, comme en français, le participe passé comporte une terminaison spécifique ajoutée à la racine du verbe, et que cette terminaison n'est pas la même selon que le verbe est régulier ou irrégulier. Mais la terminaison ne suffit pas toujours pour fabriquer le participe passé : il faut éventuellement insérer le préfixe **ge-** devant la racine du verbe. Nous verrons de quels critères dépend l'insertion de ce préfixe.

La deuxième sous-section est consacrée à l'utilisation du **Perfekt** avec **haben**, et la troisième sous-section montre comment et dans quels cas utiliser le **Perfekt** avec le verbe **sein**.

Formation du participe passé

Terminaison en -(e)t ou en -en

La terminaison utilisée n'est pas la même selon que le verbe est régulier ou irrégulier. C'est un peu comme en français, sauf que l'allemand n'utilise que deux terminaisons, une pour les verbes réguliers, et une autre seulement pour les verbes irréguliers. (En français il vous a fallu apprendre à dire – et à écrire ! – appris, dit, voulu…).

Verbes faibles : Les verbes faibles (ou verbes réguliers) sont heureusement les verbes les plus nombreux en allemand. Leur participe passé se forme en adjoignant la terminaison **-t** ou la terminaison **-et** à la racine du verbe. Voici quelques exemples :

Verbe à l'infinitif	*Participe passé*
entschuldigen (*ènt-shoul-di-guen*)	entschuldigt (*ènt-shoul-digkt*)
definieren (*dé-fi-nii-ren*) (définir)	definiert (*dé-fi-niirt*)
erwachen (*èr-vaa-ghen*) (s'éveiller)	erwacht (*èr-vaght*)
fragen (*fraa-guen*) (demander)	gefragt (*gue-fraagt*)
reden (*réé-den*) (parler/discourir)	geredet (*gue-réé-det*)
öffnen (*euf-nen*) (ouvrir)	geöffnet (*gue-euf-net*)
reparieren (*re-pa-rii-ren*) (réparer)	repariert (*re-pa-riirt*)
vorstellen (*fôôr-shtè-len*) (présenter)	vorgestellt (*fôôr-gue-shtèlt*)

laquelle certains verbes ont un participe passé en **-et** : sans le **e**, il serait difficile de prononcer les consonnes terminales de mots comme **geredet** ou **geöffnet**.

Verbes forts : Les verbes forts (dits aussi verbes irréguliers) forment le participe passé en ajoutant la terminaison **-en** à la racine du verbe. En voici quelques exemples :

Verbe à l'infinitif	*Participe passé*
anrufen (*an-rouou-fen*) (appeler [au téléphone])	angerufen (*an-gue-rouou-fen*)
laufen (*laô-fen*) (courir/marcher)	gelaufen (*gue-laô-fen*)
kommen (*ko-men*) (venir)	gekommen (*gue-ko-men*)
rufen (*rouou-fen*) (appeler)	gerufen (*gue-rouou-fen*)
sehen (*zéé-en*) (voir)	gesehen (*gue-zéé-een*)

Certains verbes forts changent leur racine pour former un participe passé. Par exemple, une voyelle de la racine, et même parfois une consonne, peuvent se modifier.

Exemples :

Verbe à l'infinitif	*Participe passé*
beginnen (be-_gui_-nen)	be**go**nnen (be-_go_-nen) (commencer)
bringen (_brin_-guen) (apporter)	ge**bra**cht (gue-_braght_)
erwerben (èr-_vèr_-ben) (acquérir)	er**wo**rben (èr-_vor_-ben)
schließen (_shlii_-sen) (fermer)	ge**schlo**ssen (gue-_shlo_-sen)
trinken (_trin_-ken) (boire)	ge**tru**nken (gue-_troun_-ken)

Formation du participe passé avec ou sans adjonction du préfixe ge-

Si vous regardez tous les participes passés donnés comme exemple dans la sous-section précédente, vous constaterez que certains commencent par le préfixe **ge-** (**ge**trunken), que d'autres comportent ce préfixe inséré entre un autre préfixe et la racine du verbe (vor**ge**stellt), et que d'autres encore ne comportent pas du tout ce préfixe (**entschuldigt**, **repariert**).

Commençons par les verbes dont le comportement est le plus proche de celui des verbes français : ceux dont le participe passé comporte seulement la terminaison caractéristique **-(e)t** (verbes faibles) ou **en** (verbes forts). Le participe passé sans adjonction de **ge-** de ces verbes nous paraît tout à fait normal, et conforme au schéma grammatical auquel le français nous a habitué.

Les verbes en -ieren :

Nous reconnaissons parmi les verbes sans **ge-** au participe passé des verbes très voisins de verbes français de même sens, comme **definieren** ou **reparieren**. Ces verbes, comme presque tous les verbes allemands en

-ieren, dérivent du latin ou du français, et l'adjonction du préfixe germanique **ge-** serait contre nature. Voici le participe passé des verbes en **-ieren** qui figurent au chapitre 1 dans la liste des « mots cousins » :

Verbe à l'infinitif	*Participe passé*
definieren (*dé-fi-nii-ren*)	**definiert** (*dé-fi-niirt*)
dezentralisieren (*dé-tsèn-tra-li-zii-ren*)	**dezentralisiert** (*dé-tsèn-tra-li-ziirt*)
dirigieren (*di-ri-guii-ren*)	**dirigiert** (*di-ri-giirt*)
exportieren (*èx-por-tii-ren*)	**exportiert** (*èx-por-tiirt*)
funktionieren (*founk-tsi-o-nii-ren*)	**funktioniert** (*founk-tsi-o-niirt*)
identifizieren (*i-dèn-ti-fi-tsii-ren*)	**identifiziert** (*i-dèn-ti-fi-tsiirt*)
ignorieren (*ig-no-rii-ren*)	**ignoriert** (*ig-no-riirt*)
importieren (*im-por-tii-ren*)	**importiert** (*im-por-tiirt*)
interessieren (*in-té-rè-sii-ren*)	**interessiert** (*in-te-rè-siirt*)
koordinieren (*ko-or-di-nii-ren*)	**koordiniert** (*ko-or-di-niirt*)
möblieren (*meueu-blii-ren*)	**meubliert** (*meueu-bliirt*)
motivieren (*mo-ti-vii-ren*)	**motiviert** (*mo-ti-viirt*)
programmieren (*prô-gra-mii-ren*)	**programmiert** (*prô-gra-miirt*)
proklamieren (*pro-kla-mii-ren*)	**proklamiert** (*prô-kla-miirt*)
realisieren (*ré-a-li-zii-ren*)	**realisiert** (*ré-a-li-ziirt*)
reparieren (*ré-pa-rii-ren*)	**repariert** (*ré-pa-riirt*)
reservieren (*ré-zèr-vii-ren*)	**reserviert** (*ré-zèr-viirt*)
stabilisieren (*shta-bi-li-zii-ren*)	**stabilisiert** (*shta-bi-li-ziirt*)

Verbe à l'infinitif   *Participe passé*

synkronisieren   **synkronisiert**
(*zun-krôô-ni-zii-ren*)   (*zun-krôô-ni-ziirt*)

zentralisieren (*tsèn-tra-li-zii-ren*)   **zentralisiert** (*tsèn-tra-li-ziirt*)

Les verbes à préfixe « à la française » :

Ce sont des verbes dont la consonance et la forme sont tout à fait germaniques, et pourtant ils ne forment pas leur participe passé avec **ge-**. Y a-t-il une explication ? Nous pourrions nous en passer, puisque pour nous ce mode de fonctionnement est « normal ». Les Allemands et autres locuteurs germanophones expliquent la chose en disant que ces verbes ont une racine précédée d'une particule dite « inséparable », par opposition aux verbes dont l'infinitif comporte une particule dite « séparable ». Et voilà ! La particule étant en quelque sorte soudée à la racine du verbe, il n'y a pas moyen d'insérer un **ge-** entre ces deux éléments. Mais comment faire la distinction entre les particules inséparables et les autres ? Une solution serait d'apprendre par cœur la liste des huit particules inséparables, dans l'ordre alphabétique :

be- (*be*), **emp-** (*èmp*), **ent-** (*ènt*), **er-** (*èr*), **ge-** (*gue*), **miß-** (*mis*), **ver-** (*fer*), **zer-** (*tsèr*)

et de considérer que les autres sont séparables.

Mais puisque vous avez la chance d'être francophone, vous pouvez vous contenter de mémoriser la phrase *« Cerbère gémit en enfer »*, et de ranger les particules inséparables dans un ordre tel qu'elles reproduisent à peu près la même phrase :

zer- be- er- ge- miß- emp- ent- ver-

Voici le participe passé de quelques verbes courants à particule inséparable :

Verbe à l'infinitif   *Participe passé*

bekommen (*be-ko-men*) (obtenir)   **bekommen** (*be-ko-men*)

Verbe à l'infinitif	*Participe passé*
bestellen (*be-shtè-len*) (commander/réserver)	**bestellt** (*be-shtèlt*)
empfangen (*emp-fan-guen*) (recevoir)	**empfangen** (*èmp-fan-guen*)
entschuldigen (*ènt-shoul-di-guen*) (excuser)	**entschuldigt** (*ènt-shoul-digkt*)
gefallen (*gue-fa-len*) (plaire)	**gefallen** (*gue-fa-len*)
mißfallen (*mis-fa-len*) (déplaire)	**mißfallen** (*mis-fa-len*)
mißverstehen (*mis-fer-shtéé-en*) (comprendre de travers)	**mißvertanden** (*mis-fer-shtan-den*)
verstehen (*fer-shtéé-en*) (comprendre)	**verstanden** (*fer-shtan-den*)
zerstören (*tsèr-shteueu-ren*) (détruire)	**zerstört** (*tsèr-shteueurt*)

Verbes à particule séparable :

L'allemand compte un grand nombre de verbes à particule séparable, et vous en trouverez un peu partout dans le livre. Voici le participe passé de quelques-uns d'entre eux, choisis parmi les plus courants :

Verbe à l'infinitif	*Participe passé*
annehmen (*an-néé-men*) (accepter)	an**ge**nomm**en** (*an-gue-no-men*)
aufhören (*aôf-h'eueu-ren*) (cesser)	auf**ge**hört (*aôf-gue-h'eurt*)
ausgehen (*aôs-guéé-en*) (sortir)	aus**ge**gang**en** (*aôs-gue-gan-guen*)
vorstellen (*for-shtè-len*) (présenter)	vor**ge**stellt (*for-gue-shtèlt*)

En comparant les prononciations des verbes de la liste ci-dessus avec celles des verbes à particule inséparable, vous constaterez que la particule séparable est toujours accentuée, alors que dans les verbes à particule inséparable, c'est la racine du verbe qui reçoit l'accent tonique. La particule inséparable se fond dans le verbe, tandis que la particule séparable conserve sa forte personnalité.

Vous retrouverez ces « particules » séparables dans un autre chapitre du livre : le chapitre 8, qui explique notamment le comportement des verbes à particule séparable au présent.

Certains lecteurs attentifs ont pu relever dans la sous-section précédente la construction un peu spéciale du verbe **mißverstehen**, qui combine deux particules inséparables. Cette observation peut amener les plus curieux à se demander s'il est possible de mélanger les genres et de placer une particule séparable en tête d'un verbe en **-ieren** ou d'un verbe commençant par une particule inséparable ; et dans l'affirmative, à se demander si le participe passé de ces verbes comporte la syllabe **ge**. Voici les réponses :

- Une particule séparable peut figurer en tête d'un verbe en **-ieren** ou d'un verbe comportant une particule inséparable. Nous avons déjà rencontré au chapitre 6 le verbe **anprobieren**. Autre exemple, « reconnaître » (la légitimité ou la vérité de) se dit en allemand **anerkennen** : **an** séparable, **er** inséparable.

- Le participe passé de ces verbes hybrides ne comporte pas la syllabe **ge** :
  - **Serbien hat damals die Unabhängigkeit Kroatiens nicht anerkannt.** *(zèèr-bien h'at daa-mals dii oun-ap-h'èn-guich-kaït kro-aa-tsiens nicht an-èr-kant)* (La Serbie n'a pas alors reconnu l'indépendance de la Croatie.)
  - **Frau Schulte hat die Bluse in der Umkleidekabine anprobiert.** *(fraô shoul-te h'at dii blouou-ze in dèèr oum-klaï-de-ka-bi-ne an-prô-biirt)* (Frau Schulte a essayé le corsage dans la cabine d'essayage.)

En avons-nous terminé avec les particules séparables et inséparables ? Presque, mais pas tout à fait. Il existe en effet quelques particules habituellement séparables qui peuvent aussi s'accoler à un verbe à la manière d'une particule inséparable : c'est la racine du verbe qui est accentuée, et le participe passé est formé sans la syllabe **ge-**. Nous rencontrerons au chapitre 7 suivant le verbe **unterhalten** (*un-ter-hal-ten*) (entretenir), qui appartient à cette catégorie hybride. En attendant, voici un exemple d'utilisation du verbe **unterhalten** : **Die Firma hat immer gute Beziehungen zu ihren Lieferanten unterhalten.** (*dii fir-ma h'at i-mer gouou-te be-tsii-oun-guen tsou ii-ren lii-fé-ran-ten oun-ter-h'al-ten*) (La société a toujours entretenu de bonnes relations avec ses fournisseurs.)

C'est l'accentuation qui permet dans tous les cas de savoir si une particule est séparable ou inséparable. Les particules séparables sont toujours accentuées. Les particules inséparables ne sont jamais accentuées.

Verbes germaniques sans particule

Nous finissons par le cas des verbes germaniques sans particule, évoqué au chapitre 2, « Les bases de la grammaire allemande » pour faire comprendre le principe de la formation du participe passé en allemand :

- Préfixe **ge-** devant la racine du verbe.
- Terminaison en **-(e)t** ou **-en** selon qu'il s'agit d'un verbe faible ou fort.

Ces verbes sont importants, en ce sens que leur radical se retrouve dans de nombreux autres mots (substantifs, adjectifs…) de la langue allemande, mais ils sont en minorité, puisque chacun d'eux peut donner naissance à des verbes des deux catégories précédentes en se combinant à des particules inséparables ou séparables. Voici le participe passé de quelques verbes germaniques sans particule utilisés dans les précédents chapitres :

Verbe à l'infinitif	Participe passé
arbeiten (*ar-baï-ten*) (travailler)	**ge**arbeite**t** (*gue-ar-baï-tet*)
führen (*fuu-ren*) (conduire)	**ge**führ**t** (*gue-fuurt*)
gehen (*guéé-en*) (aller)	**ge**gangen (*gue-gan-guen*)
nehmen (*néé-men*) (prendre)	**ge**nommen (*gue-no-men*)
rufen (*rouou-fen*) (appeler)	**ge**rufen (*gue-rouou-fen*)
schließen (*shlii-sen*) (fermer)	**ge**schlossen (*gue-shlo-sen*)
suchen (*zouou-ghen*) (chercher)	**ge**such**t** (*gue-zought*)
wohnen (*vôô-nen*) (habiter)	**ge**wohn**t** (*gue-vôônt*)

Vous voilà complètement équipé pour fabriquer vous-même le participe passé de n'importe quel verbe allemand, sans rien demander à personne. Pour dire une phrase au **Perfekt**, il ne vous reste plus qu'à placer au début le verbe **haben** – ou le verbe **sein**.

Utilisation de haben au Perfekt

Voici d'abord la conjugaison de **haben** au présent, qui sert à former le **Perfekt** d'un grand nombre de verbes :

Conjugaison	Prononciation
ich habe	*ich h'aa-be*
du hast	*du h'ast*
Sie haben	*zii h'aa-ben*
er/sie/es hat	*èèr/zii/ès h'at*
wir haben	*vir h'aa-ben*
ihr habt	*iir h'apt*
Sie haben	*zii h'aa-ben*
sie haben	*zii h'aa-ben*

Le tableau 7.1 liste quelques-uns des verbes allemands courants qui utilisent **haben** au **Perfekt**.

Tableau 7.1 : Verbes utilisant haben au Perfekt

Verbe	Participe passé
bekommen (*be-ko-men*) (recevoir/obtenir)	**bekommen**
hören (*h'eueu-ren*) (entendre)	**gehört**
kaufen (*kaô-fen*) (acheter)	**gekauft**
lachen (*la-ghen*) (rire)	**gelacht**
lesen (*léé-zen*) (lire)	**gelesen**
nehmen (*néé-men*) (prendre)	**genommen**
sehen (*zéé-en*) (voir)	**gesehen**
vorsehen (*fôôr-zéé-en*) (prévoir)	**vorgesehen**
verkaufen (*fer-kaô-fen*) (vendre)	**verkauft**

Voici quelques exemples de combinaisons du verbe **haben** avec un participe passé pour former le **Perfekt** :

- **Ich habe den Film gesehen.** (*ich h'aa-be déén film gue-zéé-en*) (J'ai vu le film.)
- **Hast du eine Theaterkarte bekommen?** (*h'ast dou aï-ne téé-aa-ter kar-te be-ko-men*) (As-tu obtenu un billet de théâtre ?)
- **Wir haben das Kino verlassen.** (*viir h'aa-ben das kii-no fer-la-sen*) (Nous sommes partis du cinéma.)
- **Habt ihr Karten für die Matinee gekauft ?** (*h'apt iir kar-ten fuur dii ma-ti-néé gue-kaôft*) (Avez-vous acheté des billets pour la matinée ?)
- **Hat euch der Film gefallen?** (*h'at oïch dèèr film ge-fa-len*) (Le film vous a-t-il plu ?)

Utilisation de sein au Perfekt

De même qu'en français certains verbes forment le passé composé au moyen du verbe « être » au lieu du verbe « avoir » (je suis parti, je suis revenu), une certaine catégorie de verbes allemands forme le **Perfekt** au moyen du verbe **sein** au lieu du verbe **haben**. Ce sont les verbes intransitifs impliquant, pour le sujet du verbe, un <u>changement de lieu ou d'état</u>.

Voici d'abord un rappel de la conjugaison de **sein** :

Conjugaison	*Prononciation*
ich bin	*ich bin*
du bist	*dou bist*
Sie sind	*zii zint*
er, sie, es ist	*èr, zii zint*
wir sind	*vir zint*
ihr seid	*iir zaït*
Sie sind	*zii zint*
sie sind	*zii zint*

Le tableau 7.2 contient une liste de verbes qui se conjuguent avec **sein**.

Tableau 7.2 : Verbes utilisant sein au Perfekt

Verbe	*Participe passé*
ausgehen (*a<u>ô</u>s-guéé-en*) (sortir)	**ausgegangen**
erwachen (*èr-<u>va</u>-ghen*) (s'éveiller)	**erwacht**
fahren (*<u>faa</u>-ren*) (conduire/se déplacer autrement qu'à pied ou à cheval)	**gefahren**
fliegen (*<u>flii</u>-guen*) (voler [dans les airs])	**geflogen**
gehen (*<u>gué</u>-en*) (aller)	**gegangen**
kommen (*<u>ko</u>-men*) (venir)	**gekommen**
landen (*<u>lan</u>-den*) (atterrir)	**gelandet**
laufen (*<u>laô</u>-fen*) (marcher/courir)	**gelaufen**
reisen (*<u>raï</u>-zen*) (voyager)	**gereist**
sein (*zaïn*) (être)	**gewesen**

En examinant cette liste, vous pouvez constater qu'un verbe qui se conjugue avec **sein** au **Perfekt** peut être un verbe simple, un verbe à particule séparable, un verbe à particule inséparable, un verbe faible (avec un participe passé en **-(e)t**), un verbe fort (avec un participe passé en **-en**), un verbe dont l'équivalent français se conjugue avec « avoir », ou encore un verbe dont l'équivalent français se conjugue avec « être ».

Pour savoir si vous devez utiliser **sein** ou **avoir** pour former le **Perfekt**, ne vous laissez pas guider par le français, mais par le seul critère du <u>changement d'état ou de lieu</u>, qui commande l'utilisation de **sein** – et n'oubliez pas que **sein** lui-même, bien qu'il n'implique pas de changement de lieu ou d'état, forme aussi son **Perfekt** avec **sein**.

Voici maintenant quelques phrases comportant l'utilisation du **Perfekt** avec **sein** :

- **Ich bin ins Theater gegangen.** (*ich bin ins téé-<u>aa</u>-ter gue-<u>gan</u>-guen*) (Je suis allé au théâtre.)
- **Bist du mit dem Auto gekommen?** (*bist dou mit déém <u>aô</u>-to gue-<u>ko</u>-men*) (Es-tu venu en voiture ?)
- **Sie ist mit dem Zug gefahren.** (*zii ist mit déém tsougk gue-<u>faa</u>-ren*) (Elle fait le déplacement en train.)
- **Das Flugzeug ist pünktich um dreizehn Uhr gelandet** (*das <u>flououg</u>-tsoïgk ist <u>punk</u>-tlich oum <u>draï</u>-tséén ouour gue-<u>lan</u>-det*) (L'avion a atterri ponctuellement à treize heures.)
- **Wir sind letzte Woche ins Kino gegangen.** (*viir zint l<u>è</u>t-ste <u>vo</u>-ghe ins <u>kii</u>-no gue-<u>gan</u>-guen*) (Nous sommes allés au cinéma la semaine dernière.)
- **Seid ihr durch den Park gelaufen?** (*zaït iir dourch déén park gue-<u>laô</u>-fen*) (Avez-vous marché/couru à travers le parc ?)
- **Sie sind gestern im Theater gewesen.** (*zii zint gu<u>è</u>s-tern im téé-<u>aa</u>-ter gue-<u>véé</u>-zen*) (Ils/elles sont allés hier au théâtre.)

Si vous avez lu et compris cette longue section sur le passé composé allemand, vous pouvez en être fière – ou fier, selon le cas. Vous avez appris qu'on peut classer les verbes allemands suivant toutes sortes de critères influant sur leur mode d'emploi : ils peuvent impliquer ou non un changement d'état ou de lieu, être forts ou faibles, germaniques ou latins, simples ou à particule, laquelle peut être séparable ou inséparable, certaines particules pouvant même être tantôt séparables, tantôt inséparables. Vous savez aussi que certains verbes comportent plusieurs particules. Mais cette accumulation de connaissances n'est pas une fin en soi. Elle vous permet de saisir l'imbrication des principaux rouages de cette horloge sophistiquée qu'est la langue allemande, et de la faire marcher. Félicitations ! Vous pouvez maintenant vous permettre quelques distractions.

Sortir en ville

Où que vous soyez en Allemagne, vous n'êtes probablement pas très loin d'un établissement culturel tel que **die Oper/das Opernhaus** (*dii ôô-per/das ôô-pern-h'aôs*) (l'Opéra), **der Konzertsaal** (*dèèr kôôn-tsèrt-zaal*) (la salle de concert) et **das Theater** (*das téé-aa-ter*) (le théâtre). Pour en profiter, dites **ich möchte heute Abend ausgehen.** (*ich meuch-te h'oï-te aa-bent aôs-gué-en*) (Je voudrais sortir ce soir.)

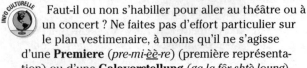
Faut-il ou non s'habiller pour aller au théâtre ou à un concert ? Ne faites pas d'effort particulier sur le plan vestimenaire, à moins qu'il ne s'agisse d'une **Premiere** (*pre-mi-èè-re*) (première représentation) ou d'une **Galavorstellung** (*ga-la-fôr-shtè-loung*) (spectacle de gala).

Voici quelques phrases qui vous aideront à préparer vos visites des salles de spectacle ou de concert :

✔ **Ich möchte ins Theater/Konzert gehen.** (*ich meuch-te ins téé-aa-ter/kon-tsèrt guéé-en*) (Je voudrais aller au théâtre/concert.)

- ✔ **Ich möchte in die Oper gehen.** (*ich meuch-te in dii ôô-per guéé-en*) (Je voudrais aller à l'Opéra.)
- ✔ **Gehen wir ins Theater.** (*guéé-en viir ins téé-aa-ter*) (Allons au théâtre.)
- ✔ **Gehen wir in die Oper.** (*guéé-en viir in dii ôô-per*) (Allons à l'Opéra.)
- ✔ **Wann ist die Premiere von ...?** (*van ist dii pre-mi-èè-re von...*) (Quand a lieu la première de... ?)
- ✔ **In welchem Theater spielt ...?** (*in vèl-chem téé-aa-ter shpiilt...*) (Dans quel théâtre se joue ... ?)
- ✔ **Gibt es noch Orchesterplätze für die Matinee?** (*guipt ès nogh or-kès-ter-plèt-se fuur dii ma-ti-néé*) (Y a-t-il encore des places d'orchestre pour la matinée ?)

Affinités lexicales

die Kinokasse →	**die Kasse** (*dii ka-se*) (la caisse [où a lieu l'encaissement]) **kassieren** (*ka-sii-ren*) (encaisser), **der Kassierer** (*dèèr ka-sii-rer*) (le caissier), **die kassiererin** (*dii ka-sii-re-rin*) (la caissière), **der Kasten** (*dèèr kas-ten*) (la caisse/la boîte), **das Kästchen** (*das kèst-chen*) (la cassette), **der Briefkasten** (*dèèr briif-kas-ten*) (la boîte aux lettres).
klatschen →	**klatsch!** (*klatsh*) (plouf ! [onomatopée]), **der Klatsch** (*dèèr klatsh*) (le bruit d'un objet tombant dans l'eau/le cancan, la rumeur).
singen →	**der Gesang** (*dèèr gue-zang*) (le chant).
die Oper →	**das Opernhaus** (*das ôô-pern-h'aôs*) (l'opéra), **die Operette** (*dii ôô-pé-rè-te*) (l'opérette).

Mots clés

das Theater	das téé-<u>aa</u>-ter	le théâtre
die Oper	dii <u>ôô</u>-per	l'Opéra/l'opéra
das Balett	das ba-<u>lèt</u>	le ballet
die Pause	dii <u>paô</u>-ze	l'entracte
der Sänger/ die Sängerin	dèèr <u>zèn</u>-guer/ dii <u>zèn</u>-gue-rin	le chanteur/ la chanteuse
der Schauspieler/ die Schauspielerin	dèèr <u>shaô</u>-shpii-ler/ dii <u>shaô</u>-shpii-le-rin	(l'acteur/ l'actrice)
der Tänzer/ die Tänzerin	dèèr <u>tèn</u>-tser/ dii <u>tèn</u>-tse-rin	le danseur/ la danseuse
singen	<u>zin</u>-guen	chanter
tanzen	<u>tan</u>-tsen	danser
klatschen	<u>klat</u>-shen	applaudir
der Beifall	dèèr <u>baï</u>-fal	les applaudis- sements/ l'accueil favorable du public
die Zugabe	dii <u>tsouou</u>-gaa-be	(morceau rejoué à la fin du spectacle)
die Kinokasse	dii <u>kii</u>-no-ka-se	la caisse (du cinéma)
die Theaterkasse	dii téé-<u>aa</u>-ter-ka-se	la caisse (du théâtre)
der Platz	dèèr plats	la place

Vos impressions. Parler des spectacles

Chacun apprécie un spectable à sa manière, ce qui peut donner lieu à des échanges de vues très intéressants.

On vous demande votre opinion

Quelqu'un peut vous poser l'une des questions suivantes, ou la poser à quelqu'un d'autre, pour lancer la conversation sur un spectacle, un film, une exposition. La première question utilise le vouvoiement, la seconde le tutoiement.

- **Hat Ihnen die Ausstellung/der Film/die Oper gefallen?** (*h'at ii-nen dii aôs-shtè-loung/dèèr film/dii ôô-per gue-fa-len*) (L'exposition/le film/l'opéra vous a-t-elle/il plu ?)
- **Hat dir die Ausstellung/der Film/die Oper gefallen?** (*h'at dir dii aôs-shtè-loung/dèèr film/dii ôô-per gue-fa-len*) (L'exposition/le film/l'opéra t'a-t-elle/il plu ?)

Vous donnez votre avis

Vous pouvez commencer par dire que le spectacle vous a plu ou vous a déplu :

- **Die Ausstellung/der Film/die Oper hat mir (sehr) gut gefallen.** (*dii aôs-shtè-loung/dèèr film/dii ôô-per h'at mir (zéér) gouout gue-fa-len*) (L'exposition/le film/l'opéra m'a (beaucoup) plu.)
- **Die Ausstellung/der Film/die Oper hat mir (gar) nicht gefallen.** (*dii aôs-shtè-loung/dèèr film/dii ôô-per h'at mir (gar) nicht gue-fa-len*) (L'exposition/le film/l'opéra ne m'a pas plu (du tout).)

Vous pouvez ensuite donner une raison. Commencez par préparer votre prise de position par ce début de phrase :

Die Ausstellung/der Film/die Oper war wirklich ...
(*dii aôs-shtè-loung/dèèr film/dii ôô-per var vir-klich ...*)
(L'exposition/le film/l'opéra était vraiment ...)

Vous pouvez ensuite exprimer votre pensée au moyen de l'un des adjectifs suivants. Vous pouvez bien sûr relier certains adjectifs au moyen de la conjonction **und** (*ount*) (et).

- **aufregend** (*aôf-réé-gent*) (excitant[e])
- **wunderschön** (*voun-der-sheueun*) (merveilleusement beau/belle)
- **phantastisch** (*fan-tas-tish*) (fantastique)
- **ausgezeichnet** (*aôs-gue-tsaïch-net*) (excellent[e])
- **spannend** (*shpa-nent*) (fascinant[e])
- **unterhaltsam** (*oun-ter-h'alt-zaam*) (distrayant[e])
- **sehenswert** (*zéé-ens-vèrt*) (digne d'être vu[e])
- **enttäuschend** (*ènt-toï-shent*) (décevant[e])
- **langweilig** (*lang-vaï-ligk*) (ennuyeux/euse)

Aller à une soirée

L'organisation d'une réunions d'amis et de parents ou d'une soirée peut prendre en Allemagne comme ailleurs les formes les plus diverses. Certains aiment bien préparer l'événement longtemps à l'avance, et travaillent d'arrache-pied pour que tout soit en place le moment venu. D'autres préfèrent que les rencontres qu'ils organisent conservent un caractère impromptu.

Si vous êtes invité par quelqu'un à sa résidence privée, et si l'événement à un caractère un tant soit peu formel, il est de bon ton d'apporter un (petit) cadeau (**das Geschenk**), comme une bouteille de vin (**die Flasche Wein**).

Si vous recevez une **Einladung** (*aïn-laa-doung*) (invitation) écrite, vérifiez si une réponse est attendue, en y cherchant la formule U. A. w. g., abréviation de **Um Antwort wird gebeten** (*oum ant-vort virt gue-béé-ten*) (Merci de votre réponse/RSVP).

Si vous êtes invité à une soirée plutôt informelle qui pourrait très bien impliquer de danser, votre hôte peut vous demander de contribuer en apportant une bouteille. Vous pouvez aussi prendre l'initiative et demander **Soll ich etwas mitbringen?** (*zol ich èt-vas mit-bring-en*) (Dois-je apporter quelque chose ?)

Si vous êtes invité à **Kaffee und Kuchen** (*ka-féé ount kouou-ghen*) (café et gâteaux) dans l'après-midi, une institution très germanique, ne vous attendez pas à être invité à dîner. Cela peut arriver, mais n'y comptez pas.

Et si vous êtes invités pour **Kaffee trinken** (boire le café), n'arrivez pas à 14 h mais vers 16 h : c'est un « thé » ou un « goûter ».

Recevoir une invitation

Vous pouvez être invité par l'une des phrases suivantes :

- **Ich würde Sie gern zu einer Party einladen.** (*ich vuur-de zii guèrn tsou aï-ner par-tii aïn-laa-den*) (Je voudrais vous inviter à une soirée.)
- **Wir wollen eine Party feiern. Hast du Lust zu kommen?** (*viir vo-len aï-ne par-ti faï-ern. h'ast dou loust tsou ko-men*) (Nous voulons organiser une soirée. As-tu envie de venir ?)

Vous pouvez avoir besoin de vous renseigner sur la date prévue avant d'accepter ou de décliner l'invitation. Voici ce que vous pouvez dire :

- **Wann findet die Party statt?** (*van fin-det dii par-tii shtat*) (Quand la soirée a-t-elle lieu ?)
- **Wo findet die Party statt?** (*vô fin-det dii par-tii shtat*) (Où la soirée a-t-elle lieu ?)

Décliner

Si vous ne pouvez pas y aller (ou si vous ne voulez pas venir pour une quelconque raison), vous pouvez poliment décliner l'invitation en disant :

- **Nein, tut mir leid, ich kann leider nicht kommen.** (*naïn tout mir laït, ich kan laï-der nicht ko-men*) (Non, désolé, je ne pourrai malheureusement pas venir.)
- **Nein, da kann ich leider nicht. Ich habe schon etwas anderes vor.** (*naïn, da kan ich laï-der nicht. ich h'aa-be shôôn èt-vas an-de-res fôôr*) (Non, je peux malheureusement pas. J'ai déjà prévu autre chose.)

Accepter

Si le moment, le lieu et votre humeur s'y prêtent, vous pouvez accepter l'invitation avec l'une des phrases suivantes :

- **Vielen Dank. Ich nehme die Einladung gern an.** (*vii-len dank. ich néé-me dii aïn-laa-doung guèrn an*) (Merci beaucoup. J'accepte volontiers l'invitation.)
- **Gut, ich komme gern. Soll ich etwas mitbringen?** (*gouout, ich ko-me guèrn. zol ich èt-vas mit-brin-guen*) (D'accord, je viendrai volontiers. Dois-je/puis-je apporter quelque chose ?)

Votre hôte peut répondre comme suit à votre question :

- **Nicht nötig. Für Essen und Trinken ist besorgt.** (*nicht neueu-tigk. fuur è-sen ount trin-ken ist be-zorgt*) (Pas nécessaire. La question de ce qu'on mange et boit est déjà réglée.)
- **Es wäre schön, wann Sie ... mitbringen.** (*ès vèè-re sheueun, vèn zii ... mit-brin-guen*) (Ce serait très bien, si vous apportiez ...)

Parler d'une soirée

Si quelqu'un vous demande **Wie war die Party am Samstag?** (*vii var dii par-tii am zams-tagk*) (Comment s'est passée la soirée de samedi ?), vous pouvez faire l'une des réponses suivantes :

- **Toll, wir haben bis ... Uhr gefeiert.** (*tol, viir h'aa-ben bis ... ouour gue-faï-ert*) (Formidable, nous avons fait la fête jusqu'à ...)
- **Wir haben uns ausgezeichnet unterhalten.** (*viir h'aa-ben ouns aôs-gue-tsaïch-net oun-ter-h'al-ten*) (Nous nous sommes très bien amusés.)
- **Die Party war ...** (*dii par-tii vaar*) (La soirée était ...)

Dans ce chapitre, nous parlons de ce que peuvent faire les gens quand ils ne sont pas au travail. Comme les Français, les Allemands bénéficient de nombreux jours de congé, qu'ils utilisent de leur mieux. Ils adorent les voyages à l'étranger, mais aussi le tourisme à l'intérieur de leurs frontières, qui recèlent d'innombrables lieux propices aux activités de plein air, comme le ski, les randonnées, le canotage, la voile...

Conversations sur les loisirs et les passe-temps

Il y a mille façons d'utiliser les temps libres, et leur évocation fournit un sujet de conversation inépuisable. Cette section comporte diverses suggestions pour vous aider à participer à des discussions sur ce thème en allemand.

Les collectionneurs

Vous rencontrerez peut-être des collectionneurs, ou vous êtes peut-être vous-même un collectionneur passionné. Vous pouvez alors indiquer votre domaine particulier d'intérêt en disant :

- **Ich sammle ...** (*ich zam-le...*) (Je collectionne ...)
- **Ich interessiere mich für ...** (*ich in-té-rè-sii-re mich fuur ...*) (Je m'intéresse à ...)

En fin de phrase, vous ajoutez le nom de la chose que vous collectionnez. Ce pourrait être par exemple :

- **Briefmarken** (*briif-mar-ken*) (des timbres)
- **Münzen und Medaillen** (*muun-tsen ount mé-da-li-en*) (des monnaies et des médailles)
- **antikes Glas und Porzellan** (*an-tii-kes glaas ount por-tse-laan*) (du verre et de la porcelaine anciens)
- **Antiquitäten und Trödel** (*an-ti-kvi-tèè-ten ount treueu-del*) (des antiquités et de la brocante)
- **Puppen** (*pou-pen*) (des poupées)

Parler de votre hobby

Voici comment vous pourrier lancer la conversation sur votre passe-temps favori :

Mein Hobby ist ... (*maïn h'o-bii ist...*) (Mon hobby est...)

En fin de phrase, vous ajoutez l'information appropriée. Par exemple :

- **Basteln** (*bas-teln*) (le bricolage)
- **Malen** (*maa-len*) (la peinture)
- **Kochen** (*ko-ghen*) (la cuisine)
- **... sammeln** (*...za-meln*) (collectionner ...)
- **Gärtnerei** (*guèrt-ne-raï*) (le jardinage)

Les verbes réfléchis en allemand

Comme la langue française, la langue allemande comporte des verbes réfléchis, qui mettent en jeu des pronoms réfléchis. Ce mécanisme est tout à fait parallèle dans les deux langues : le pronom réfléchi est en français dans la forme du complément d'objet direct (me, te, se, nous, vous, se), et il est à l'accusatif en allemand. Le tableau 7.3 montre ces pronoms à l'accusatif :

Tableau 7.3 : Pronoms réfléchis (pronoms personnels à l'accusatif)

Pronom personnel	Pronom réfléchi
ich	mich (*mich*)
du	dich (*dich*)
Sie	sich (*zich*)
er	sich (*zich*)
sie	sich (*zich*)
es	sich (*zich*)
wir	uns (*ouns*)
ihr	euch (*oïch*)
Sie	sich (*zich*)
sie	sich (*zich*)

Notez cependant une différence par rapport au français : la position du pronom réfléchi, qui <u>suit</u> le verbe au lieu de le précéder. Cette position est conforme au principe de base de la construction d'une phrase allemande (voir chapitre 2), qui veut que le verbe soit en seconde position après le sujet dans une phrase déclarative. Dans une question, le pronom réfléchi allemand vient après le sujet, pour se conformer à cette autre règle de la construction de phrase allemande, qui veut que dans une question le verbe soit en première position, suivi du sujet. Voici un assortiment de phrases (sur le thème des passe-temps, celui de ce chapitre) pour illustrer ces deux règles :

- **Ich interessiere mich für Bildhauerei.** (*ich in-té-re-<u>sii</u>-re mich fuur <u>bilt</u>-h'aôe-raï*) (Je m'intéresse à la sculpture.)
- **Freust du dich auf deinen Urlaub?** (*froïst dou dich aôf <u>daï</u>-nen <u>our</u>-laôp*) (Te réjouis-tu à l'idée de tes vacances ?)

- **Herr Grobe meldet sich für einen Fotokurs an.** (*hèr grôô-be mèl-det sich fuur aï-nen fôô-to-kours an*) (Herr Grobe s'inscrit à un cours de photo.)
- **Herr und Frau Webe erholen sich im Urlaub an der Küste.** (*hèr ount fraô véé-be èr-h'ôô-len sich im our-laôp an dèèr kuus-te*) (Herr et Frau Webe se reposent en vacances sur la côte.)
- **Stellen Sie sich vor, wen ich gerade getroffen habe!** (*shtè-len zii zich fôôr, véén ich gue-raa-de gue-tro-fen h'aa-be*) (Imaginez qui je viens de rencontrer !)

Quelques verbes réfléchis courants

La brusque apparition de cette nouveauté dans le paysage grammatical peut amener le lecteur curieux à se demander jusqu'où va le parallélisme entre les verbes réfléchis du français et ceux de l'allemand. Voici quelques réponses :

Comme c'est le cas en français (je demande, je me demande), de très nombreux verbes allemands sont utilisables sous forme non réfléchie et sous forme réfléchie : **ich frage** (*ich fraa-ge*), **ich frage mich** (*ich fraa-ge mich*). Mais l'allemand compte un plus grand nombre de verbes qui sont uniquement réfléchis, notamment parmi ceux qui commencent par la particule inséparable **ver-**, utilisée pour indiquer le résultat d'une action, souvent un mauvais résultat. Ainsi **irren** (*i-ren*) (errer), donne le verbe uniquement réfléchi **sich verirren** (*sich fer-i-ren*) (perdre son chemin), et **wählen** (*vèè-len*) (choisir, mais aussi taper un numéro de téléphone) donne le verbe uniquement réfléchi **sich verwählen** (*sich fer-vèè-len*) (faire un faux numéro). On dirait aussi **ich habe mich verkalkuliert** (*ich h'aa-be mich ver-kal-kou-liirt*) (J'ai fait une erreur de calcul). Notez aussi que certains verbes réfléchis français ont pour équivalent allemand des formes différentes : se promener se dit **spazieren** (*shpa-tsii-ren*).

Voici, à titre d'exemple, la conjugaison au présent de l'indicatif du verbe réfléchi **sich freuen** (*sich froï-en*) (se réjouir) :

Conjugaison	Prononciation
ich freue mich	ich _froï_-e mich
du freust dich	dou froïst dich
Sie freuen sich	zii _froï_-en zich
er, sie, es freut sich	èr, zii, ès froït zich
wir freuen uns	viir _froï_-en ouns
ihr freut euch	iir froït oïch
Sie freuen sich	zii _froï_-en zich
sie freuen sich	zii _froï_-en zich

Vous trouverez ci-après une liste de verbes réfléchis allemands tout à fait courants :

- **sich freuen auf** (*zich _froï_-en aôf*) (se réjouir dans la perspective de)
- **sich freuen über** (*zich _froï_-en _uu_-ber*) (se réjouir au sujet de)
- **sich aufregen** (*zich _aôf_-réé-ghen*) (s'exciter ou s'irriter)
- **sich beeilen** (*zich be-_aï_-len*) (se dépêcher)
- **sich entscheiden** (*zich ènt-_shaï_-den*) (se décider)
- **sir erinnern** (*zich èr-_i_-nern*) (se souvenir)
- **sich gewöhnen an** (*zich gue-_veueu_-nen an*) (s'habituer à)
- **sich interessieren für** (*zich in-te-rè-_sii_-ren fuur*) (s'intéresser à)
- **sich setzen** (*zich _zèt_-sen*) (s'asseoir)
- **sich unterhalten** (*zich oun-ter-_h'al_-ten*) (s'entretenir)
- **sich verspäten** (*zich ver-_spèè_-ten*) (prendre du retard)
- **sich vorstellen** (*zich _fôôr_-shtè-len*) (se présenter, imaginer)

Mots clés

teilnehmen an	taïl-néé-men an	participer à
sich für etwas interessieren	zich fuur èt-vas in-té-rè-sii-ren	s'intéresser à quelque chose
sich auf etwas freuen	zich aôf èt-vas froï-en	se réjouir à l'avance de quelque chose
sich sehen	zich zéé-en	se voir
dauern	daô-ern	durer
der Malkurs	dèèr maal-kours	le cours de peinture

Affinités lexicales

der Malkurs →	**malen** (*maa-len*) (peindre [art]), **anstreichen** (*an-shtraï-chen*) (peindre [une pièce d'habitation]), **der Kurs** (*dèèr kours*) (le cours).
dauern →	**die Dauer** (*dii daô-er*) (la durée), **die Ausdauer** (*dii aôs-daô-er*) (l'endurance).
sich auf etwas freuen →	**die Freude** (*dii froï-de*) (la joie), **froh** (*frôô*) (content), **fröhlich** (*freueu-lich*) (joyeux), **erfreulich** (*èr-froï-lich*) (réjouissant).
sich für etwas interessieren →	**das Interesse** (*das in-té-rè-se*) (l'intérêt [porté à quelque chose ou quelqu'un]), **der Zins** (*dèèr tsinz*) (l'intérêt [d'un prêt ou d'un emprunt]), **der Interessent** (*dèèr in-té-rè-sènt*) (le prospect).

Chapitre 7 : Sortir et se détendre *179*

Les sports

Comme partout ailleurs dans le monde, les sports pratiqués en Allemagne sont de plus en plus variés. Ils sont une occasion de se détendre, soit en les pratiquant, soit en admirant les prouesses des autres, sur un stade ou à la télévision. Ils sont en tout cas un sujet de conversation intéressant. Les sports les plus populaires sont ceux auxquels on « joue ».

Sports utilisant le verbe spielen

Signalons un étrange parallélisme entre le français et l'allemand : les sports auxquels on « joue » sont les mêmes dans les deux langues. Pour exprimer votre intérêt dans l'un de ces sports, vous formez une phrase avec le verbe **spielen** (*shpii-len*) (jouer) :

Ich spiele gern ... (*ich shpii-le guèrn ...*) (Je joue volontiers au ...)

et vous insérez le nom de l'un des sports suivants à la fin de la phrase :

- **Fußball** (*fouous-bal*) (football)
- **Handball** (*h'ant-bal*) (handball)
- **Basketball** (*baas-kèt-bal*) (basketball)
- **Golf** (*golf*) (golf)
- **Tennis** (*tè-nis*) (tennis)

Sports utilisant un verbe spécifique

La plupart des sports que l'on évoque en français en disant « je pratique le... » ou « je fais du ... sont décrits en allemand par un verbe. Pour dire que vous voudriez pratiquer tel ou tel sport, vous pouvez commencer par les mots :

Ich möchte gern ... (*ich meueuch-te guèrn ...*) (J'aimerais bien...)

et terminer la phrase par le verbe approprié :

- **joggen** (*djo-guen*) (faire du jogging)
- **radfahren** (*raat-faa-ren*) (faire du vélo)
- **Schi/ski laufen** (*shii/skii laô-fen*) (skier)
- **schwimmen** (*shvi-men*) (nager)
- **segeln** (*zéé-gueln*) (faire de la voile)
- **windsurfen** (*vint-seueur-fen*) (faire de la planche à voile)

Vous pouvez aussi utiliser la construction

Ich ... gern. (*ich ... guèrn*) (Je ... volontiers.)

- **Ich segle gern.** (*ich zéé-gle guèrn*) (J'aime faire de la voile.)
- **Ich schwimme gern.** (*ich shvi-me guèrn*) (J'aime nager.)
- **Ich jogge gern.** (*ich djo-gue guèrn*) (J'aime faire du jogging.)

Mais attention, les mots **rad**, **Schi**, **wind** doivent être, dans cette construction, repoussés à la fin de la phrase : ils jouent le rôle de particules séparables. (L'emploi des particules séparables au présent est expliqué au chapitre 8) :

- **Ich fahre gern rad.** (*ich faa-re gern rad*) (J'aime faire du vélo.)
- **Ich laufe gern Schi.** (*ich laô-fe guèrn shii*) (J'aime skier.)
- **Ich surfe gern wind.** (*ich seueur-guèrn vint*) (J'aime faire de la planche à voile.)

Inviter quelqu'un à pratiquer un sport avec soi

Pour associer le plaisir du sport à celui de la compagnie d'autrui, vous pouvez vous servir de l'un des deux modèles de phrase suivants :

- **Lass uns ... gehen.** (*lass ouns ... guéé-en*) (Allons ...) Exemple : **Lass uns schwimmen gehen.** (Allons nager.)

> ✔ **Spielst du ...?** (*shpiilst dou ...*) (Joues-tu au/à ...)
> Exemple : **Spielst du Tennis?** (Joues-tu au tennis ?)

Mots clés

das Spiel	das shpiil	le jeu/le match/la partie
sich verletzen	sich fer-<u>lèt</u>-sen	se blesser
tut mir leid	tout miir laït	désolé(e)
gewinnen	gue-<u>vi</u>-nen	gagner
die Mannschaft	dii <u>man</u>-shaft	l'équipe

Affinités lexicales

gewinnen →	**der Gewinn** (*dèèr gue-<u>vin</u>*) (le gain, le profit), **die Gewinnspanne** (*dii gue-<u>vin</u>-spa-ne*) (la marge bénéficiaire), **der Gewinner** (*dèèr gue-<u>vi</u>-ner*) (le gagnant), **der Sieg** (*dèèr ziigk*) (la victoire), **der Sieger** (*dèèr <u>zii</u>-guer*) (le vainqueur), **siegen** (*<u>zii</u>-guen*) (vaincre).
sich verletzen →	**die Verletzung** (*dii fer-<u>lèt</u>-soung*) (la blessure), **die Wunde** (*dii <u>voun</u>-de*) (la blessure [grave]/la plaie), **schwerverwundet** (*<u>shvéér</u>-fer-voun-det*) (gravement blessé), **der Verwundete** (*dèèr fer-<u>voun</u>-de-te*) (le blessé).
das Spiel →	**spielen** (*<u>shpii</u>-len*) (jouer), **das Spielzeug** (*das <u>shpiil</u>-tsoïgk*) (le jouet), **sein Geld verspielen** (*zaïn guèlt fer-<u>shpii</u>-len*) (perdre son argent au jeu).

Le plein air

Bien que les pays de langue allemande comptent de très nombreuses villes et que la densité de la population y soit bien plus grande qu'en France, les paysages naturels y sont extrêmement variés.

La randonnée y est une véritable tradition, notamment en Allemagne, où le mouvement **Wandervogel** (_van-der-fôô-gel_) (oiseau « migrateur » [oiseau migrateur se dit aujourd'hui **Zugvogel**]) a pris son envol à la fin du XVIIIe siècle. Ce mouvement très largement spontané s'est propagé parmi une grande partie de la jeunesse allemande, à laquelle il apportait la joie de la liberté, de la vie en groupe et de la découverte de la nature.

Ces activités, interrompues par les tueries de la première guerre mondiale, ont repris jusqu'en 1933, date à laquelle l'association correspondante a été dissoute. Le mouvement Wandervogel est aujourd'hui de nouveau bien vivant.

Se mettre en route

Voici les phrases à prononcer dans la perspective d'une simple promenade ou d'une randonnée :

- **Wollen wir spazieren gehen/wandern gehen?** (_vo-len viir shpa-tsii-ren guéé-en/van-dern guéé-en_) (Allons-nous nous promener/faire une randonnée ?)
- **Ich möchte spazieren gehen/wandern gehen.** (_ich meuch-te shpa-tsii-ren guéé-en_) (Je voudrais aller me promener/faire une randonnée.)

Les choses que l'on voit sur son chemin

De retour au bercail, vous pouvez décrire ce que vous avez vu en disant :

- **Ich habe ... gesehen.** (_ich h'aa-be ... gue-zéé-en_) (J'ai vu ...)
- **Ich habe ... beobachtet.** (_ich h'aa-be ... be-ôô-bagh-tet_) (J'ai observé ...)

Vous pouvez substituer les noms suivants aux points de suspension de ces deux phrases, mais en remplaçant l'article défini par un article indéfini (j'ai vu un ...) que vous mettez à l'accusatif (c'est un complément d'objet direct) :

- **der Vogel** (*dèèr fôô-guel*) (l'oiseau)
- **der Baum** (*dèèr baôm*) (l'arbre)
- **der Wald** (*dèèr valt*) (la forêt)
- **das Feld** (*das fèlt*) (le champ)
- **die Wiese** (*dii vii-ze*) (le pré)
- **das Gegirge** (*das gue-bir-gue*) (les montagnes/la chaîne de montagne)
- **der Fluss** (*dèèr flous*) (le fleuve)
- **der Ozean** (*dèèr ôô-tsé-an*) (l'océan)
- **der Indische Ozean** (*dèèr in-di-she ôô-tsé-an*) (l'océan Indien)
- **das Meer** (*das méér*) (la mer)
- **das Mittelmeer** (*das mi-tel-méér*) (la Méditerranée)
- **die See** (*dii zéé*) (la mer)
- **die Ostsee** (*dii ost-zéé*) (la Baltique)
- **der See** (*dèèr zéé*) (le lac)
- **der Bodensee** (*dèèr bôô-den-zéé*) (le lac de Constance)
- **die Kuh** (*dii kouou*) (la vache)
- **das Pferd** (*das pfèrt*) (le cheval)
- **das Reh** (*das réé*) (le chevreuil)
- **das Schaf** (*das shaaf*) (le mouton)

N'oubliez pas de mettre ces mots à l'accusatif en les utilisant avec les modèles de phrase indiqués plus haut. (Voir le chapitre 2 pour plus d'informations sur l'accusatif.)

Voici des exemples d'accusatif pour un nom masculin :

- **Ich habe einen Vogel beobachtet.** (*ich h'aa-be aï-nen fôô-guel gue-zéé-en*) (J'ai observé un oiseau.)

- **Ich habe einen See gesehen.** (*ich h'aa-be aï-nen zéé gue-zéé-en*) (J'ai vu un lac.)
- **Wir haben den Bodensee gesehen.** (*viir h'aa-ben déén bôô-den-zéé gue-zéé-en*) (Nous avons vu le lac de Constance.)

Pour un nom féminin :

- **Ich habe eine Kuh gesehen.** (*ich h'aa-be aï-ne kouou gue-zéé-en*) (J'ai vu une vache.)
- **Sie hat die Ostsee gesehen.** (*zii h'at dii nord-zéé gue-zéé-en*) (Elle a vu la Baltique.)

Pour un nom neutre :

Du hast ein Reh im Wald beobachtet.

Mais comment dire « J'ai vu des lacs, des chevreuils… » si l'on ne sait pas mettre les noms au pluriel ? Qu'à cela ne tienne. Voici les pluriels, réunis dans quelques phrases bucoliques :

- **Es gibt in Deutschland zwei Seen, die Nordsee und die Ostsee, aber weder Ozeane noch eigentliche Meere.** (*ès guipt in doïtsh-land tsvaï zéé-en, dii nort-zéé ount dii ost-zéé, aa-ber véé-der ôô-tsé-a-ne nogh aï-guent-li-che méé-re*) (Il y a en Allemagne deux mers (Seen), la mer du Nord et la mer Baltique, mais pas d'océans (Ozeane) ni de mers (Meere) à proprement parler.)
- **Es gibt jedoch innerhalb des Landes großartige Flüsse wie der Rhein und schöne Seen wie der Bodensee.** (*ès guipt ié-dogh i-ner-h'alp dès lan-des grôôs-ar-ti-gue flu-se vii dèèr raïn ount sheueu-ne zéé-en vii dèèr bôô-den-zéé.*) (Il y a cependant à l'intérieur du pays des fleuves grandioses comme le Rhin et de beaux lacs comme le lac de Constance.)
- **Deutschland hat hohe Gebirge wie die Alpen, prächtige Wälder wie der Schwarzwald und der Bayerische Wald und auch grüne, üppige Felder und Wiesen.** (*doïtsh-lant h'at h'ôô-e gue-bir-gue vii dii al-pen, prèch-ti-gue vèèl-der vii dèèr shvarts-valt*

ount dèèr baï-e-ri-she valt ount aôgh gruu-ne u-pigue fèl-der ount vii-zen.) (L'Allemagne a des forêts splendides comme la Forêt Noire ou la Forêt Bavaroise et aussi des champs et des prés verdoyants et prospères.)

✔ **Man sieht in den Wäldern verschiedenartige Bäume, Vögel, manchmal auch Rehe, und in den Feldern und Wiesen Pferde, Schafe und Kühe.** (*man ziit in déén vèl-dern fer-shii-den-ar-ti-gue boï-me, feueu-guel, manch-maal aôgh réé-e, ount in déén fèl-dern ount vii-zen pfèr-de, shaa-fe ount kuu-e*) (On voit dans les forêts des arbres d'essences variées, des oiseaux, parfois aussi des chevreuils, et dans les champs et les prés des chevaux, des moutons et des vaches.)

Le verbe (fort) **geben** (*guéé-ben*) (donner) est utilisé dans la locution très courante **Es gibt ...** (*ès guipt*) (il y a). Notez que « ce qu'il y a » est à l'accusatif : **Es gibt einen Vogel im Garten.** (*ès gipt ai-nen fôô-guel im gar-ten*) (Il y a un oiseau dans le jardin.)

Aller en montagne

Que vous visitiez les Alpes ou une autre chaîne de montagne, vous rencontrerez certainement des gens du pays, qui adorent la montagne. Voici un peu de vocabulaire pour étoffer vos échanges.

✔ **Wir fahren in die Berge.** (*viir faa-ren in dii bèr-gue*) (Nous allons à la montagne. [mot à mot : dans les montagnes])

✔ **Wir wollen wandern gehen.** (*viir vo-len van-dern guéé-en*) (Nous voulons faire des randonnées.)

✔ **Ich will bergsteigen.** (*ich vil bèrg-shtaï-guen*) (Je veux faire de l'alpinisme.)

✔ **der Berg** (*dèèr bèrg*) (la montagne)

✔ **das Gebirge** (*das gue-bir-gue*) (le massif montagneux)

✔ **der Hügel** (dèèr huu-guel) (la colline)

- **das Tal** (*das taal*) (la vallée)
- **das Naturschutzgebiet** (*das na-touour-shouts-gue-biit*) (le parc naturel)

Mots clés

Wandern	*van-dern*	randonner
spazieren gehen	*shpa-tsii-ren guéé-en*	aller se promener
die Wanderung	*dii van-de-roung*	la randonnée
die Karte	*dii kar-te*	la carte
der Weg	*dèèr véégk*	le chemin
die Gegend	*dii guéé-guent*	la contrée/région

Affinités lexicales

der Weg →	**der Waldweg** (*dèèr valt-véégk*) (le chemin forestier), **wegen** (*véé-guen*) (à cause de…), **wegen des schlechten Wetters** (*véé-guen dès shlèch-ten vè-ters*) (à cause du mauvais temps), **deswegen** (*dès-véé-guen*) (à cause de cela, pour cette raison), **weg** (*vègk*) (particule séparable indiquant l'éloignement, la privation), **weggehen** (*vègk-guéé-en*) (partir), **wegnehmen** (*vègk-néé-men*) (enlever).
wandern →	**auswandern** (*aôs-van-dern*) (émigrer), **die Auswanderung** (*dii aôs-van-de-roung*) (l'émigration), **einwandern** (*aïn-van-dern*) (immigrer), **die Einwanderung** (*dii aïn-van-de-roung*) (l'immigration).

Partir à la campagne

Vous n'aimez pas tellement la montagne ? Peut-être vous contentez-vous de l'air de la campagne ? Bien que sa population soit de près de 80 millions d'habitants, l'Allemagne compte de nombreux espaces ruraux très calmes, parfois à deux pas de centres urbains débordant d'activité. Et il va sans dire que vous trouverez la paix et le calme dans les paysages campagnards d'Autriche et de Suisse. Tout ce dont vous avez besoin pour y aller, c'est de savoir un peu d'allemand :

- **Wir fahren aufs Land.** (*viir faa-ren aôfs land*) (Nous partons à la campagne.)
- **Wir machen Urlaub auf dem Bauernhof.** (*viir maa-ghen our-laôp aôf déém baô-ern-h'ôôf* Nous prenons nos vacances dans une ferme.
- **Ich gehe im Wald spazieren.** (*ich guéé-e im valt shpa-tsii-ren*) (Je me promène dans la forêt.)
- **das Land** (*das land*) (la campagne)
- **der Wald** (*dèèr valt*) (la forêt)
- **das Dorf** (*das dorf*) (le village)
- **das Feld** (*das fèlt*) (le champ)
- **die Wiese** (*dii vii-ze*) (le pré)
- **der Bauernhof** (*dèèr baô-ern-h'ôôf*) (la ferme)

Partir à la mer

Si les vacances à la campagne vous paraissent un peu ternes, mettez le cap sur le nord et découvrez les rivages de la mer du Nord [**die Nordsee** (*dèèr nort-zéé*)] battus par le vent et les vagues ou ceux plus calmes de la mer Baltique [**die Ostsee** (*dii ost-zéé*)]. Vous pourrez y exercer votre allemand, en utilisant les mots suivants :

- **das Meer** (*das méér*) (la mer)
- **die Ostsee** (*dii ost-zéé*) (la mer Baltique)
- **die Nordsee** (*dii nort-zéé*) (la mer du Nord)
- **die Küste** (*dii kuus-te*) (la côte)
- **der Wind** (*dèèr vint*) (le vent)
- **der Sturm** (*dèèr shtourm*) (la tempête)
- **die Welle** (*dii vè-le*) (la vague)
- **die Gezeiten** (*dii gue-tsaï-ten*) (les marées)

- die Ebbe (*dii è-be*) (la marée basse)
- die Flut (*dii flouout*) (la marée haute)

Affinités lexicales

die Flut →	die Sintflut (*dii zint-flouout*) (le déluge), **überfluten** (*uu-ber-flouou-ten*) (déborder), **überfluten** (*uu-ber-flouou-ten*) (inonder).
die Gezeiten →	die Zeit (*dii tsaït*) (le temps [qui passe]), die Zeitung (*dii tsaï-toung*) (le journal), die Zeitschrift (*dii tsaït-shrift*) (le périodique), der Zeitgenosse (*dèèr tsaït-gue-no-se*) (le contemporain), **zeitgenössisch** (*tsaït-gue-neu-sish*) (contemporain).
der Sturm →	**erstürmen** (*èr-shtuur-men*) (prendre d'assaut).
der Wind →	**windig** (*vin-dish*) (venté), die Windhose (*dii vint-h'ôô-ze*) (la manche à air), die Windrose (*dii vint-rôô-ze*) (la rose des vents), die Böe (*dii beu-e*) (la rafale de vent).
das Meer →	das Mittelmeer (*das mi-tel-méér*) (la Méditerranée).

Chapitre 8

Se déplacer : avion, train, taxi et autres

Dans ce chapitre
▶ L'aéroport
▶ Location d'une voiture
▶ Les cartes et les signaux routiers
▶ Voyages en train
▶ Transports publics et taxis en ville

*C*e chapitre est consacré aux transports, d'une ville à une autre, et dans une même ville. Il vous apporte le vocabulaire dont vous aurez besoin pour acheter un titre de transport, louer une voiture, obtenir des informations sur différents aspects de vos déplacements.

L'aéroport

Ce chapitre commence par évoquer l'aéroport [**der Flughafen** (*dèèr flouougk-h'aa-fen*)], qui a de bonnes chances d'être votre point d'arrivée en Allemagne, en Autriche ou en Suisse, et duquel vous repartirez pour revenir chez vous ou partir encore ailleurs.

Vous avez en mains votre billet d'avion, **der Flugschein/das Flugticket** (*dèèr flouougk-shaïn/das flouougk-ti-kèt*), qui est probablement un **Rückflugticket** (*ruk-flouougk-ti-ket*) (billet aller-retour), et pour embarquer, vous devez présenter votre carte d'embarquement, **die Bordkarte** (*dii bord-kar-te*).

Récupération du billet

Si vous avez acheté votre billet par téléphone ou par Internet, vous devez vous présenter au guichet de la compagnie aérienne pour le récupérer, et votre premier souci est de trouver le guichet de cette compagnie. Vous vous adressez à un employé de l'aéoport et vous demandez :

Wo ist der ...Schalter? (*vôô ist dèèr ...shal-ter*) (Où est le guichet ... ?)

Une fois parvenu au guichet des billets, vous dites :

Ich möchte mein Ticket abholen. (*ich meuch-te maïn ti-kèt ap-h'ôô-len*) (Je viens chercher mon billet.)

Ayant reçu votre billet, vous pouvez vous renseigner sur le moment où vous devrez vous enregistrer en demandant **Wann muss ich einchecken?** (*van mous ich aïn-tchè-ken*) (Quand dois-je m'enregistrer ?). Et pour vous préparer à cette opération, vous pouvez poser la question **Wieviele Gepäckstücke kann ich mitnehmen?** (*vi-fii-le gue-pèk-shtu-ke kan ich mit-née-men*) (Combien de bagages puis-je emmener ?).

Enregistrement

Voici les questions qui peuvent vous être posées au guichet d'enregistrement :

- **Haben Sie Gepäck?** (*h'aa-ben zii gue-pèk*) (Avez-vous des bagages ?)
- **Wo möchten Sie sitzen, am Fenster oder am Gang?** (*vôô meuch-ten zii zi-tsen, am fèns-ter ôô-der am gang*) (Où voulez-vous être assis, fenêtre ou couloir ?)

Et vous exprimez votre préférence en répétant simplement **am Fenster** ou **am Gang**.

Vous pouvez aussi demander quelques précisions sur le vol :

Chapitre 8 : Se déplacer : avion, train, taxi et autres 191

- ✔ **Wie lange dauert der Flug?** (*vii lan-gue daô-ert dèèr flouugk*) (Combien de temps dure le vol ?)
- ✔ **Wann fliegt die Maschine ab?** (*van fliigkt dii ma-shii-ne ap*) (Quand a lieu le décollage ?)

Si vous êtes à l'aéroport pour attendre l'arrivée de quelqu'un, vous pouvez poser la question :

Wann kommt die Maschine aus ... an? (*van komt dii ma-shii-ne aôs ... an*) (Quand arrive l'avion de ... ?)

Vous pouvez aussi vous dispenser de poser ces questions en consultant les grands tableaux ou les moniteurs qui donnent des précisions sur les départs et les arrivées, sous le titre (**der**) **Abflug** (*dèèr ap-flouugk*) (le départ) ou (**die**) **Ankunft** (*dii an-kounft*) (l'arrivée).

Mots clés

das Flugticket/der Flugschein	das flouugk-ti-kèt /dèèr flouugk-shaïn	le billet d'avion
das Rückflugticket	das ruk-flouugk-ti-ket	le billet aller-retour
die Bordkarte quement	dii bort-kar-te	la carte d'embar-
das Gepäck/das àHandgepäck	das gue-pèk/ das h'ant-gue-pèk	les bagages/les bagages à main
das Flugzeug/die Maschine	das flouugk-tsoïgk/ dii ma-shii-ne	l'avion/l'appareil
der Flug	dèèr flouugk	le vol
abholen	ap-h'ôô-len	aller chercher/ prendre
dauern	daô-ern	durer

Affinités lexicales

dauern→	**dauerhaft** (*daô-er-h'aft*) (durable), **auf die Dauer** (*aôf dii daô-er*) (à la longue), **etwas überdauern** (*èt-vas uu-ber-daô-ern*) (durer plus longtemps que quelque chose/résister à), **die Ausdauer** (*dii aôs-daô-er*) (la persistance, l'endurance), **bedauern** (*be-daô-ern*) (regretter)
abholen→	**holen** (*h'ôô-len*) (aller chercher), **sich erholen** (*zich èr-h'ôô-len*) (se remettre [de la fatigue, d'une maladie], se détendre, se distraire), **die Erholung** (*dii èr-h'ôô-loung*) (la détente, la convalescence).
der Flug→	**die Fluggesellschaft** (*dii flouougk-ge-zèl-shaft*) (la compagnie aérienne), **der Flugkapitän** (*dèèr flouougk-ka-pi-tèèn*) (le commandant de bord), **der Abflug** (*dèèr ap-flouougk*) (le décollage), **der Anflug** (*dèèr an-flouougk*) (l'approche [pour atterrissage]), **fliegen** (*flii-guen*) (voler), **die Fliege** (*dii flii-gue*) (la mouche).
verspätet→	**spät** (*shpèèt*) (tard), **wie spät ist es ?** (*vii shpèèt ist ès*) (quelle heure est-il ?), **die Verspätung** (*dii fer-shpèè-toung*) (le retard), **früher oder später** (*fruu-er ôô-der shpèè-ter*) (tôt ou tard), **früh** (*fruu*) (tôt), **das Frühstück** (*das fruu-shtuk*) (le petit déjeuner).
pünktlich→	**der Punkt** (*dèèr pounkt*) (le point), **die Pünktlichkeit** (*dii punkt-lich-kaït*) (l'exactitude).
ankommen→	**die Ankunft** (*dii an-kounft*) (l'arrivée), **die Auskunft** (*dii aôs-kounft*) (l'information), **die Herkunft** (*dii h'éér-kounft*) (l'origine), **die Zukunft** (*dii tsou-kounft*) (le futur), **die Zusammenkunft** (*dii tsou-sa-men-kounft*) (le rassemblement, la réunion).
der Flugsteig→	**steigen** (*shtaï-guen*) (monter), **absteigen** (*ap-shtaï-guen*) (descendre), **versteigern** (*fer-shtaï-guern*) (vendre aux enchères), **der Bahnsteig** (*dèèr baan-shtaïgk*) (le quai [dans une gare de voyageurs]).

Mots clés

der Abflug	dèèr <u>ap</u>-flouougk	le décollage/le départ
die Ankunft	dii <u>an</u>-kounft	l'arrivée
der Flugsteig	dèèr flouougk-shtaïgk	la porte d'embarquement
mitnehmen	<u>mit</u>-néé-men	emmener (avec soi)
einchecken	<u>aïn</u>-tshè-ken	enregistrer
fliegen	<u>flii</u>-guen	voler
abfliegen	<u>ap</u>-flii-guen	décoller
ankommen	<u>an</u>-ko-men	arriver
pünktlich	<u>punkt</u>-lich	ponctuellement
verspätet	fer-<u>shpèè</u>-tet	en retard

Formalités d'immigration

Depuis les accords de Schengen, signés en 1985, les personnes se déplaçant entre la plupart des pays européens peuvent en franchir les frontières sans être soumises à un contrôle. Partant de France, vous pouvez vous rendre en Allemagne ou en Autriche sans être contrôlé. Ces dispositions ne s'appliquent cependant pas à la Suisse, où vous subirez un contrôle des passeports [**die Passkontrolle** (*dii <u>pas</u>-kon-tro-le*) (le contrôle des passeports)].

Les aéroports de l'Union européenne soumettent cependant à un contrôle les personnes arrivant directement d'un pays extérieur à l'Union, et prévoient deux traitements différents, l'un réservé aux (**die**) **EU-Bürger** (*dii éé-ouou-buur-guer*) (les citoyens UE) et l'autre pour les **Nicht-EU-Bürger**.

Si votre avion vient d'un pays extérieur à l'Union ou si vous arrivez en Suisse, vous devrez en outre passer la douane, **der Zoll** (*dèèr tsol*) (la douane).

Voici le vocabulaire et les déclarations qui peuvent vous être utiles lors d'un éventuel contrôle d'identité :

- **der Reisepass/der Pass** (*dèèr raï-ze-pas/dèèr pas*) (le passeport)
- **der EU-Bürger** (*dèèr éé-ouou-bur-guer*) (le citoyen UE)
- **der Nicht-EU-Bürger** (*dèèr nicht-éé-ouou-bur-guer*) (ressortissant d'un pays n'appartenant pas à l'UE)
- **Ich bin im Urlaub hier.** (*ich bin im our-laôp h'iir*) (Je suis ici en vacances.)
- **Ich bin geschäftlich hier.** (*ich bin gue-shèft-lich h'iir*) (Je suis ici pour affaires.)
- **Ich bin auf der Durchreise nach...** (*ich bin aôf dèèr dourch-raï-ze nagh...*) (Je suis en transit pour ...)

La douane

Si vous devez passer la douane [**der Zoll** (*dèèr tsol*)], vous choisissez entre deux options : **anmeldepflichtige Waren** (*an-mèl-de-pflich-ti-gue vaa-ren*) (marchandises à déclarer), et **anmeldefreie Waren** (*an-mèl-de-fraï-e vaa-ren*) (marchandises exemptes de déclaration).

Dans un cas comme dans l'autre, vous pouvez cependant être soumis à un contrôle de la part d'un (**der**) **Zollbeamte** (*tsol-be-am-te*) (douanier), qui peut vous demander :

Haben Sie etwas zu verzollen? (*h'aa-ben zii èt-vas tsou fer-tso-len*) (Avez-vous quelque chose à déclarer ?)

ou

Haben Sie etwas anzumelden? (*h'aa-ben zii èt-vas an-tsou-mèl-den*) (Avez-vous quelque chose à déclarer ?)

Votre réponse peut être :

> ✔ **Ich möchte ... anmelden.** (*ich meuch-te ...an-mèl-den*) (Je voudrais déclarer...)
>
> ✔ **Ich habe nichts zu verzollen.** (*ich h'aa-be nichts tsou fer-tso-len*) (Je n'ai rien à déclarer.)

Le douanier peut aussi vous dire :

Bitte öffnen Sie diesen Koffer/diese Tasche. (*bi-te euf-nen zii dii-sen ko-fer/dii-ze ta-she*) (Veuillez ouvrir cette valise/ce sac.)

Et s'il vous demande ce que vous voulez faire d'un achat particulier, vous pouvez répondre :

> ✔ **Es ist für meinen persönlichen Gebrauch.** (*ès ist fuur maï-nen per-zeueun-li-chen gue-braôgh*) (C'est pour mon usage personnel.)
>
> ✔ **Es ist ein Geschenk.** (*ès ist aïn gue-shènk*) (C'est un cadeau.)

Voyager en voiture

Muni de votre (**der**) **Führerschein** (*dèèr fuu-rer-shaïn*) (le permis de conduire), vous pouvez louer une voiture et l'utiliser sur les diverses voies de circulation : **die Straße** (*dii shtraa-se*) (la rue), **die Landstraße** (*dii lant-shtraa-se*) (la route), **die Nationalstraße** (*dii na-tsiô-naal-shtraa-se*) (la route nationale), **die Bundesstraße** (*dii boun-des-shtraa-se*) (la route fédérale), et **die Autobahn** (*dii aô-tôô-baan*) (l'autoroute).

Location de voiture

L'agence de location de voitures s'appelle **die Autovermietung** (*dii aô-tô-fer-mii-toung*), et vous amorcez la discussion en disant :

Ich möchte ein Auto mieten. (*ich meuch-te aïn aô-tô mii-ten*) (Je voudrais louer une voiture.)

L'employé de l'agence vous demandera vraisemblablement

Was für ein Auto möchten Sie? (*vas fuur aïn aô-tô meuch-ten zii*) (Quel genre de voiture voulez-vous ?)

Et vous pourrez répondre :

- **ein zweitüriges/viertüriges Auto** (*aïn tsvaï-tuu-ri-gues/fiir-tuu-ri-gues aô-tô*) (une voiture à deux/quatre portes)
- **einen Kombi** (*aï-nen kom-bi*) (un break)
- **einen Automatikwagen** (*aï-nen aô-to-maa-tik-vaa-guen*) (une automatique)
- **einen Schaltwagen** (*aï-nen shaft-vaa-guen*) (une voiture à changement de vitesse manuel)

On peut aussi vous demander :

- **Für wie lange möchten Sie den Wagen mieten?** (*fuur vii lan-gue meuch-ten zii déén vaa-guen mii-ten*) (Pendant combien de temps voulez-vous louer la voiture ?)
- **Ab wann möchten Sie den Wagen mieten?** (*ap van meuch-ten zii déén vaa-gueen mii-ten*) (À partir de quand voulez-vous louer la voiture ?)
- **Bis wann möchten Sie den Wagen mieten?** (*bis van meuch-ten zii déén vaa-guen mii-ten*) (Jusqu'à quand voulez-vous louer la voiture ?)
- **Wann/wo möchten Sie den Wagen zurückgeben?** (*van/vôô meuch-ten zii déén vaa-gueen tsou-ruk-guéé-ben*) (Quand/où voulez-vous rendre la voiture ?)

et vos réponses peuvent être :

- **Ich brauche den Wagen für ...** (*ich braô-ghe déén vaa-guen fuur...*) (J'ai besoin de la voiture pendant...)
- **Ich möchte den Wagen ab dem ... mieten.** (*ich meuch-te déén vaa-gue ap déém ... mii-ten*) (Je voudrais louer la voiture à partir du ...)
- **Ich möchte den Wagen bis zum ... mieten.** (*ich meuch-te déén vaa-guen bis tsoum ... mii-ten*) (Je voudrais louer la voiture jusqu'au ...)
- **Ich möchte den Wagen am ... zurückgeben.** (*ich meuch-te déén vaa-guen am ... tsou-ruk-guéé-ben*) (Je voudrais rendre la voiture le ...)

- **Ich möchte den Wagen in ... zurückgeben.** (*ich meuch-te déén vaa-guen in ... tsou-ruk-guéé-ben*) (Je voudrais rendre la voiture à ...)

Voici encore d'autres mots utilisées lors de la préparation du contrat de location :

- **die Vollkaskoversicherung** (*dii vol-kas-kô-fer-zi-che-roung*) (l'assurance tous risques)
- **inbegriffen** (*in-be-gri-fen*) (inclus)
- **der Führerschein** (*dèèr fuu-rer-shaïn*) (le permis de conduire)
- **ohne Kilometerbegrenzung** (*ôô-ne ki-lôô-méé-ter-be-grèn-tsoung*) (sans limitation du kilométrage)

Les cartes et les panneaux indicateurs

Pour ne pas vous perdre, vous avez besoin d'interpréter correctement les panneaux qui longent les voies de circulation et de comprendre les indications en allemand sur la carte.

Cartes

Les cartes présentent l'avantage de contenir surtout des indications graphiques, mais il en existe plusieurs sortes, dont vous devez connaître la désignation pour pouvoir vous les procurer :

- **die Landkarte** (*dii lant-kar-te*) (la carte)
- **die Straßenkarte** (*dii shtraa-sen-kar-te*) (la carte routière)
- **der Stadtplan** (*dèèr shtat-plan*) (le plan [d'une ville])

Sur une carte en allemand, vous trouverez les mots suivants :

- **die Autobahn** (*dii aô-tô-baan*) (l'autoroute)
- **die Ausfahrt** (*dii aôs-faart*) (la sortie d'autoroute)
- **die Auffahrt** (*dii aôf-faart*) (la rampe d'accès à l'autoroute)

- **das Autobahnkreuz** (*das aô-tô-baan-kroïts*) (le croisement d'autoroutes)
- **das Autobahndreieck** (*das aô-tô-baan-draï-èk*) (la jonction de trois autoroutes)
- **die Altstadt** (*dii alt-sthat*) (la vieille ville)
- **die Fußgängerzone** (*dii fouous-guèn-guer-tsôô-ne*) (la zone piétonnière)
- **das Theater** (*das téé-aa-ter*) (le théâtre)
- **die Kirche** (*dii kir-che*) (l'église)
- **der Parkplatz** (*dèèr park-plats*) (le parking)

Panneaux indicateurs

Pour votre sécurité, et pour vous éviter d'éventuels ennuis avec **die Polizei** (*dii po-li-tsaï*) (la police), il importe que vous compreniez les indications suivantes :

- **Anlieger frei** (*an-lii-guer fraï*) (Accès riverains seulement/Interdit sauf riverains)
- **Einbahnstraße** (*aïn-baan-straa-se*) (Rue à sens unique)
- **Einordnen** (*aïn-ord-nen*) (fusionner)
- **Gesperrt** (*gue-shpèrt*) (barré/barrée)
- **Licht an/aus** (*licht an/aôs*) (allumez/éteignez vos feux)
- **Umleitung** (*oum-laï-toung*) (déviation)
- **Vorsicht Glätte** (*fôr-sicht glè-te*) (Attention verglas)
- **50 bei Nebel** (*funf-tsish baï néé-bel*) (50 par temps de brouillard)
- **Baustelle** (*baô-shtè-le*) (travaux)

Les trains

Depuis l'avènement des trains à grande vitesse, le rail devient une option très intéressante pour atteindre rapidement et confortablement les différents pays germanophones depuis la France. À titre d'exemple, la liaison à grande vitesse Thalys relie désormais Paris et Cologne en un peu moins de quatre heures. Les trains à grande vitesse allemands s'appellent **ICE (Intercity Express).**

Les horaires

Voici le vocabulaire de base qui vous permettra de déchiffrer les horaires de trains en allemand :

- **der Fahrplan** (*dèèr faar-plan*) (l'horaire)
- **die Abfahrt** (*dii ap-faart*) (le départ)
- **die Ankunft** (*dii an-kounft*) (l'arrivée)
- **über** (*uu-ber*) (*via*)
- **werkstags** (*vèrks-taagks*) (jours ouvrables)
- **sonn- und feiertags** (*zon ount faï-er-tagks*) (dimanche et jours fériés)

Les informations

L'emplacement d'une gare où vous pouvez vous renseigner s'appelle **die Auskunft** (*dii aôs-kounft*) (le renseignement). Voici quelques questions que vous pourriez poser :

- **Von welchem Gleis fährt der Zug nach ... ab?** (*fon vèl-chem glaïs fèèrt dèèr tsouougk nagh ... ap*) (De quelle voie part le train pour ...)
- **Auf welchem Gleis kommt der Zug aus ... an?** (*aôf vèl-chem glaïs komt dèèr tsougk aôs ... an*) (Sur quelle voie arrive le train venant de ... ?)
- **Hat der Zug Verspätung?** (*h'at dèèr tsouougk fer-shpèè-toung*) (Le train a-t-il du retard ?)
- **Gibt es einen direkten Zug von ... nach ...?** (*gipt ès aïn di-rèk-ten tsouougk fon ... nagh ...*) (Y a-t-il un train direct de ... à ... ?)

La réponse aux trois premières questions ne doit pas vous poser de problème, mais la dernière question peut entraîner une réponse plus complexe s'il n'y a pas de train direct :

Nein, Sie müssen in ... umsteigen (*naïn, zii mu-sen in ... oum-shtaï-guen*) (Non, vous devez changer de train à ...)

Mots clés

der Bahnsteig	dèèr baan-shtaïgk	le quai
das Gleis	das glaïs	la voie
die Verspätung	dii fer-shpèè-toung	le retard
einsteigen	aïn-shtaï-guen	monter dans le train
aussteigen	aôs-shtaï-guen	descendre du train
umsteigen	oum-shtaï-guen	changer de train
abfahren	ap-faa-ren	partir
ankommen	an-ko-men	arriver
fahren	faa-ren	aller en [train/voiture...]

Achat des billets

Les transports ferroviaires des trois principaux pays qui nous intéressent sont assurés par **die Deutsche Bahn** (*dii doït-she baan*) ou **DB**, **die Österreichische Bundesbahn** (*eus-ter-raï-chi-she boun-des-baan*) ou **ÖBB**, et **die Schweizerische Bundesbahn** (*shvaï-tse-ri-she boun-des-baan*) ou **SBB**. Une fois dans la gare, vous cherchez le guichet de vente des billets, **der Fahrkartenschalter** (*faar-kar-ten-shal-ter*).

Dialogue de base

Voici la manière la plus simple de demander un billet :

Eine Fahrkarte nach ..., bitte. (*aï-ne faar-kar-te nagh ..., bi-te*) (Un billet pour ... s'il vous plaît)

Et le préposé vous posera aussitôt la question :

Einfach oder hin und zurück? (*aïn-fagh ôô-der h'in ount tsou-ruk*) (Un aller simple ou un aller-retour ?)

Le dialogue pourrait aussi s'amorcer de la manière suivante :

- **Was kostet eine Rückfahrkarte nach...?** (*vas kostet aï-ne ruk-faar-karte nagh*) (Combien coûte un aller-retour pour ... ?)
- **Was kostet eine einfache Fahrt nach...?** (*vas kostet aï-ne aïn-fa-ghe faart nagh*) (Combine coûte un aller simple pour ... ?)
- **Erster oder zweiter Klasse?** (*éérs-ter ôô-der tsvaï-ter kla-se*) (En première ou en seconde classe ?)

Voici comment demander un billet avec réservation de la place :

Ich möchte gern eine Platzkarte für den... von ... nach... (*ich meuch-te guèrn aï-ne plats-kar-te fuur déén ... fon ... nagh ...*) (Je voudrais un billet avec réservation pour le ... de ... à ...)

Si vous ne spécifiez pas de date, le guichetier peut vous demander :

- **Fahren Sie heute?** (*faa-ren zii h'oï-te*) (Partez-vous aujourd'hui ?)
- **Wann fahren Sie?** (*van faa-ren zii*) (Quand partez-vous ?)

Suppléments

Les voyages sur certains trains entraînent le paiement d'un supplément, **der Zuschlag** (*dèèr tsou-shlagk*) (le supplément de prix). C'est le cas pour les trains **ICE** (Intercity Express), **IC** (Intercity), ou **EC** (Eurocity), qui sont des trains reliant à grande vitesse des villes importantes.

Le mot **Zuschlag** apparaît en général sur les tableaux d'affichage des départs, mais vous pouvez vous renseigner également au guichet, par exemple :

Muss ich für den Zug um 11.45 Uhr nach ... einen Zuschlag bezahlen? (*mous ich fuur déén tsouougk* *oum èlf ouour <u>funf</u>-ount-fiir-tsish <u>aï</u>-nen <u>tsou</u>-shlagk be-<u>tsaa</u>-len*) (Dois-je payer un supplément pour le train de 11h 45 vers ... ?)

Et la réponse peut être :

Das ist ein Intercity. Sie brauchen einen IC-Zuschlag. (*das ist aïn <u>in</u>-ter-si-tii. zii braô-chen <u>aï</u>-nen ii-tséé-<u>tsou</u>-shlagk*) (C'est un Intercity. Vous avez besoin d'un supplément IC.)

Mots clés

die Fahrkarte	dii <u>faar</u>-kar-te	le billet de train
die erste Klasse	dii <u>éérs</u>-te <u>kla</u>-se	la première classe
die zweite Klasse	dii <u>tsvaï</u>-te <u>kla</u>-se	la seconde classe
der Zuschlag	dèèr <u>tsou</u>-shlaagk	le supplément
die Rückfahrkarte	dii <u>ruk</u>-faar-kar-te	l'aller-retour
die Platzkarte	dii <u>plats</u>-kar-te	la place réservée
hin und zurück	h'in ount tsou-<u>ruk</u>	aller-retour
einfach	<u>aïn</u>-fagh	(aller) simple

Affinités lexicales

einfach→	**vereinfachen** (*fer-<u>aïn</u>-fa-ghen*) (simplifier), **zweifach** (*tsvaï-fagh*) (double), **dreifach** (*draï-fagh*) (triple), **das Fach** (*das fagh*) (le compartiment, la case, la spécialité), **der Fachmann** (*der <u>fagh</u>-man*) (le spécialiste).
die Platzkarte→	**der Platz** (*dèèr plats*) (la place), **platzen** (*<u>plat</u>-sen*) (éclater, exploser).
der Zuschlag→	**zunehmen** (*<u>tsou</u>-néé-men*) (croître, augmenter), **die Zukunft** (*dii <u>tsou</u>-kunft*) (l'avenir).

Les particules séparables

De nombreux verbes allemands comportent des particules séparables. Ceux qui concernent le voyage et les déplacements sont très souvent des verbes à particules séparables impliquant un mouvement ou un changement : **ankommen** (<u>an</u>-ko-men) (arriver), **einsteigen** (<u>aïn</u>-shtaï-guen) (monter), **aussteigen** (<u>aôs</u>-shtaï-guen) (descendre [d'un train]), **umsteigen** (<u>oum</u>-shtaï-guen) (changer [de train]), **abfahren** (<u>ap</u>-faa-ren) (partir). Ces particules ne restent attachées à la racine du verbe qu'à l'infinitif. Le chapitre 7 montre le comportement de ces verbes au **Perfekt**, l'équivalent allemand du passé composé français : pour former le participe passé, par exemple celui de **abfahren**, il faut insérer le préfixe **-ge** devant la racine du verbe, ce qui donne **abgefahren**.

Aux autres temps, la particule du verbe se détache complètement, et se place à la fin de la phrase. Il peut y avoir un nombre quelconque de mots entre la racine du verbe, qui conserve sa place habituelle, et la particule. Les trois phrases suivantes montrent l'utilisation du verbe **ankommen** au présent :

> ✔ **Der Zug kommt an.** (*dèèr tsouougk komt an*) (Le train arrive.)
> ✔ **Der Zug kommt um 18.15 an.** (*dèèr tsouougk komt oum <u>agh</u>-tséén ouour <u>funf</u>-tséén an*) (Le train arrive à 18 h 15.)
> ✔ **Der Zug kommt um 18.15 in Dessau an.** (*dèèr tsouougk komt oum <u>agh</u>-tséén ouour <u>funf</u>-tséén in <u>dè</u>-saô an*) (Le train arrive à 18 h 15 à Dessau.)

Voici un repère absolument fiable pour vous permettre de savoir si un verbe à l'infinitif est un verbe à particule séparable et si donc vous devez rejeter la particule en fin de phrase :

La particule est un mot qui peut également servir comme préposition (**ab**, **an**, **auf**, **aus**, **ein**, **nach**, **um**, **wieder**, **zu**, **zurück**...)

Et aussi

La particule est <u>accentuée</u> : **ankommen** (<u>an</u>-ko-men).

Cette seconde condition est importante, certaines prépositions/particules pouvant être selon le cas séparables ou inséparables. Ainsi le verbe **umarmen** (*oum-ar-men*) (embrasser) est un verbe à particule inséparable, la particule **um** n'est pas accentuée :

Klaus steigt aus dem Zug. Seine Frau erwartet ihn auf dem Bahnsteig. Er umarmt sie. (*klaôs shtaïkt aôs déém tsouougk. èr oum-armt zii*) (Klaus descend du train. Sa femme l'attend sur le quai. Il la serre dans ses bras.)

Circuler en ville

Les villes allemandes sont dotées de transports publics denses et efficaces. Ils sont assurés par une combinaison de bus [**der Bus** (*dèèr bus*) (le bus)], de métro [**die U-Bahn** (*dii ouou-baan*) (le métro)], de **Straßenbahn** (*shtraa-sen-baan*) (le tramway) et de liaisons rapides régionales [**die S-bahn** (*dii ès-baan*) (le réseau rapide)]. **S-Bahn** est la forme abrégée de **die Schnellbahn** (*dii shnèl-baan*) (la voie rapide), et **U-Bahn** celle de **die Untergrundbahn** (*dii oun-ter-grount-baan*) (la voie souterraine).

Trouver le bus ou le tramway approprié

Voici les questions que vous pourriez poser au guichet d'une station de métro ou de tramway [**der Fahrkartenschalter** (*dèèr faar-kar-ten-shal-ter*) (le guichet de vente de billets)] ou à un conducteur d'autobus [**der Busfahrer** (*dèèr bous-faa-rer*) (le conducteur de bus)] :

- **Welche Buslinie fährt ins Stadtzentrum?** (*vèl-che bous-li-nii-e fèèrt ins shtat-tsèn-troum*) (Quelle ligne de bus va au centre-ville ?)
- **Ist das die richtige Straßenbahn zum Stadion?** (*ist das dii rich-ti-gue shtraa-sen-baan tsoum shtaa-dion*) (Est-ce le bon tramway pour le stade ?)

Mots clés

der Bus	dèèr bous	le bus
die U-Bahn	dii ouou-baan	le métro
die S-Bahn	dii ès-baan	le réseau rapide régional
die Straßenbahn	dii shtraa-sen-baan	le tramway
die Buslinie/ die U-Bahnlinie	dii bous-li-ni-e/ dii ouuo-baan-li-ni-e	la ligne d'autobus/la ligne de métro
die Haltestelle	dii h'al-te-shè-le	l'arrêt/la station
halten	h'al-ten	s'arrêter
die U-Bahnstation	dii ouou-baan-shta-tsi-ôôn	la station de métro
das Taxi	das ta-xi	le taxi
der Fahrscheinautomat	dèèr faar-shaïn-aô-tôo-maat	le distributeur automatique de billets

- **Muß ich umsteigen?** (*mus ich oum-shtaï-guen*) (Dois-je changer ?)
- **Hält diese U-Bahn am Hauptbahnhof?** (*hèlt dii-ze ouou-baan am h'aôpt-baan-h'ôôf*) (Ce métro s'arrête-t-il à la gare centrale ?)

Affinités lexicales

der Fahrsche inautomat→   **der Automat** (*dèè aô-tô-maat*) (l'appareil automatique, le distributeur), **automatisieren** (*aô-tô-maa-ti-zii-ren*) (automatiser), **der Fahrschein** (*dèèr faar-shaïn*) (le titre de transport), **der Schein** (*dèèr shaïn*) (la lueur, l'apparence, le document faisant foi), **der Führerschein** (*dèèr fuu-rer-shaïn*) (le permis de conduire), **scheinbar** (*shaïn-bar*) (apparent/simulé), **wahrscheinlich** (*vaar-shaïn-lich*)

	(vraisemblable), **die wahrscheinlichkeit** (*dii vaar-schaïn-lich-kaït*) (la vraisemblance), **scheinen** (*shaï-nen*) (luire, sembler, paraître), **der Sonnenschein** (*dèèr zo-nen-shaïn*) (la lumière du soleil), **erscheinen** (*èr-shaï-nen*) (apparaître), **die Erscheinung** (*dii èr-shaï-noung*) (l'apparition).
halten→	**die Haltung** (*dii h'al-toung*) (la tenue, la position), **sich verhalten** (*zich fer-h'al-ten*) (se comporter), **das Verhalten** (*das fer-h'al-ten*) (le comportement), **das Verhältnis** (*das fer-h'èlt-nis*) (le rapport, la relation), **verhältnismäßig** (*fer-hèlt-nis-mèè-sish*) (relatif, relativement).

Prendre un taxi

Pour prendre un taxi, vous vous rendez à la plus proche station de taxis [**der Taxistand** (*dèèr ta-xi-shtant*) (la station de taxi)]. Voici la question à poser pour trouver un taxi :

Wo ist der nächste Taxistand? (*vôô ist dèèr nèèk-ste ta-xi-shtant*) (Où est la plus proche station de taxis ?)

Lorsque vous êtes monté dans le taxi, attendez-vous à ce que **der Taxifahrer** (*dèèr ta-xi-faa-rer*) (le chauffeur de taxi) vous demande :

Wohin möchten Sie? (*vôô-h'in meuch-ten zii*) (Où voulez-vous aller ?)

Chapitre 9
À l'hôtel

Dans ce chapitre
- Choisir son hôtel
- Réserver
- Formalités d'arrivée à l'hôtel
- Quitter l'hôtel

Ce chapitre vous fournit ce qui contribue le plus au confort d'un voyage : les mots dont vous avez besoin pour trouver l'hôtel correspondant à vos besoins et y passer un séjour agréable.

Trouver un hôtel

Le choix de l'hôtel peut avoir été fait d'avance par une agence de voyage [**das Reisebüro** (*das raï-ze-bu-rôô*)], mais vous pouvez aussi consulter un guide hôtelier [**der Hotelführer** (*dèèr h'ôô-tèl-fuu-rer*)] acheté dans une librairie [**die Buchhandlung** (*dii bough-han-dloung*)] ou encore vous renseigner auprès de l'office du tourisme de la ville, appelé **das Fremdenverkehrsbüro** (*das frèm-den-fer-kééŕs-buu-rôô*).

Une autre solution consiste à demander un conseil à des gens que vous connaissez, en posant la question :

Können Sie ein Hotel in ... empfehlen? (*keu-nen zii aïn h'ôô-tèl in ... èmp-féé-len*) (Pouvez-vous recommander un hôtel à ... ?)

Le terme générique pour désigner l'hôtel dans les pays de langue allemande est **das Hotel** (*das h'ôô-tel*), mais il existe de nombreux autres termes, qui désignent de manière plus précise le type d'établissement dont il s'agit :

- **das Hotel garni** (*das h'ôô-tèl gar-nii*) (un hôtel offrant seulement des chambres et le petit déjeuner)
- **das Rasthof** (*das rast-h'ôôf*) (Une sorte de motel à proximité d'une autoroute)
- **das Gasthaus/der Gasthof** (*das gast-h'aôs/dèèr gast-h'ôôf*) (Une auberge offrant des repas et des boissons et souvent en outre des chambres)
- **die Pension** (*dii pen-zi-ôôn*) (Établissement fournissant à ses clients le logement et tous les repas – ou seulement la demi-pension. Les repas ne sont généralement servis qu'aux clients de la pension.)
- **die Jugendherberge** (*dii iouou-guent-h'èr-bèr-gue*) (l'auberge de jeunesse)
- **die Ferienwohnung** (*dii féé-ri-en-vôô-noung*) (l'appartement de vacances)

Réserver des chambres

Après avoir identifié un hôtel susceptible de vous convenir, vous devez réserver votre chambre, à moins que **das Fremdenverkehrsbüro** (*das frèm-den-fer-kéérs-buu-rôô*) (l'office du tourisme) ne se soit chargé de faire l'opération pour vous.

La réservation d'une chambre d'hôtel est une opération qui se traite le plus souvent par téléphone, et vous aurez besoin du vocabulaire du chapitre 9, principalement consacré aux échanges téléphoniques. Dès que l'hôtel décroche et dit son nom, vous pouvez amorcer la discussion en précisant le but de votre appel :

Ich möchte gern ein Zimmer reservieren. (*ich meuch-te guèrn aïn tsi-mer ré-zèr-vii-ren*) (Je voudrais réserver une chambre.)

Pour réserver plusieurs chambres, vous insérez le nombre qui convient : **zwei Zimmer** (*tsvaï tsi-mer*) (deux chambres), **drei Zimmer** (*draï tsi-mer*) (trois chambres)...

Cette requête se poursuit par un dialogue avec la même personne ou une autre chargée des réservations, et dont le but est de préciser vos besoins.

Was für ...? (vas fuur...) (Quelle sorte de ... ?)

Cette expression intervient très fréquemment dans les interactions entre vendeur et acheteur, qu'il s'agisse d'un service ou d'un bien, ou encore à l'occasion d'une demande d'assistance ou d'information adressée à n'importe quel organisme, par exemple le **Fremdenverkehrsbüro**. Les questions servent à déterminer de manière plus précise ce que vous désirez – par exemple :

- **Was für eine Ferienwohnung möchten Sie gern?** (*vas fuur aï-ne féé-ri-en-vôô-noung meuch-ten zii guèrn*) (Quel genre d'appartement de vacances aimeriez-vous ?)

- **Was für einen Rasthof suchen Sie?** (*vas fuur aï-nen Rast-h'ôôf zououghen zii*) (Quel type de motel cherchez-vous ?)

Souvenez-vous que la question **Was für... ?** est toujours utilisée avec l'article indéfini à l'accusatif. (Reportez-vous au chapitre 2 pour plus d'informations sur les déclinaisons.)

Dates et durée du séjour

Cet aspect de la réservation peut faire l'objet de la question :

Von wann bis wann möchten Sie ein Zimmer reservieren? (*fon van bis van meuch-ten zii aïn tsi-mer ré-zèr-vii-ren*) (De quand à quand voulez-vous réserver une chambre ?)

Comme toujours avant de téléphoner dans une langue que vous ne maîtriser pas complètement, il est important de préparer ce que vous allez dire. En l'occurrence, vous avez besoin d'exprimer des dates en allemand. La section « Le calendrier et les dates » du chapitre 3 vous fournit le moyen de préciser les dates de votre réservation.

Voici deux phrases appropriées, précisant l'une la durée, l'autre la plage de temps concernée :

- **Ich möchte gern ein Zimmer für ... Nächte reservieren.** (*ich meuch-te guèrn aïn tsi-mer fuur ... nèèch-te ré-zèr-vii-ren*) (Je voudrais réserver une chambre pour ... nuits.)
- **Ich möchte gern ein Zimmer vom 11. 3. bis zum 15. 3. reservieren.** (*ich meuch-te guèrn aïn tsi-mer fom èlf-ten dri-ten bis tsoum funf-tséén-ten dri-ten ré-zèr-vii-ren*) (Je voudrais réserver une chambre du 11/3 au 15/3.)

Le type de chambre que vous désirez

La personne qui prend votre réservation vous demande alors quelles sont vos préférences en matière de confort :

Was für ein Zimmer möchten Sie gern? (*vas fuur aïn tsi-mer meuch-ten zii guèrn*) (Quelle sorte de chambre voudriez-vous ?)

Vous pouvez alors amorcer votre réponse par

Ich hätte gern ... (*ich h'è-te guèrn ...*) (Je voudrais ...)

et vous la terminez par l'une des précisions suivantes ou par une combinaison :

- **ein Einzelzimmer.** (*aïn aïn-tsel-tsi-mer*) (une chambre pour une personne.)
- **ein Doppelzimmer.** (*aïn do-pel-tsi-mer*) (une chambre double.)

- **ein Zimmer mit ...** (*aïn tsi-mer mit ...*) (une chambre avec ...)
  - **Dusche** (*douou-she*) (douche)
  - **Bad** (*baat*) (salle de bain)
  - **zwei Einzelbetten** (*tsvaï aïn-tsel-bè-ten*) (deux lits jumeaux)
  - **einem Doppelbett** (*aï-nem do-pel-bèt*) (un lit double)

Le prix

Voici maintenant diverses façons de vous renseigner sur le prix de la chambre et sur les éléments qu'il inclut ou non :

- **Was kostet das Zimmer pro Nacht?** (*vas kos-tet das tsi-mer prôô naght*) (Que coûte la chambre par nuit ?)
- **Was kostet eine Übernachtung mit Frühstück?** (*vas kos-tet aï-ne uu-ber-nagh-toung mit fruu-shtuk*) (Que coûte une nuit avec petit déjeuner ?)
- **Was kostet ein Zimmer mit Vollpension?** (*vas kos-tet aïn tsi-mer mit fol-pèn-zi-ôôn*) (Que coûte une chambre en pension complète ?)
- **Was kostet ein Zimmer mit Halbpension?** (*vas kos-t et aïn tsi-mer mit h'alp-pèn-zi-ôôn*) (Que coûte une chambre en demi-pension ?)

Clore la réservation

Si la chambre est disponible et si le prix vous convient, vous pouvez clore l'opération en disant

Können Sie das Zimmer bitte reservieren? (*keu-nen zii das tsi-mer bi-te ré-zèr-vii-ren*) (Pouvez-vous s'il vous plaît réserver la chambre ?)

Mots clés

das Fremdenverkehrsbüro	das frèm-den-fer-kéérs-buu-rôô	l'office du tourisme
das Einzelzimmer	das aïn-tsel-tsi-mer	la chambre d'une personne
das Doppelzimmer	das do-pel-tsi-mer	la chambre double
das Bad	das baat	la salle de bains
die Dusche	dii dou-she	la douche
Geht in Ordnung!	guéét in ord-noung	C'est entendu !

Affinités lexicales

Geht in Ordnung!→	**gehen** (*guéé-en*) (aller), **weggehen** (*vèk-guéé-en*) (partir), **ausgehen** (*aôs-guéé-en*) (sortir), **vergehen** (*fer-guéé-en*) (passer, disparaître), **begehen** (*be-guéé-en*) (commettre [une erreur, un délit]), **die Ordnung** (*dii ord-noung*) (l'ordre), **ordnungsgemäß** (*ord-noungs-gue-mèès*) (conformément aux directives), **verordnen** (*fer-ord-nen*) (prescrire [un remède]).
das Bad→	**die Badewanne** (*dii baa-de-va-ne*) (la baignoire), **baden** (*baa-den*) (se baigner), **das Schwimmbad** (*das shvim-baat*) (la piscine).
das Doppelzimmer→	**verdoppeln** (*fer-do-peln*) (doubler), **der Doppelgänger** (*dèèr do-pel-guèèn-guer*) (le double, le sosie), **der Zimmermann** (*dèèr tsi-mer-man*) (le menuisier), **die Zimmerwerkstatt** (*dii tsi-mer-vèrk-stat*) (la menuiserie).

das Fremdenverkehrsbüro→	**fremd** (*frèmt*) (étrange, étranger), **der Verkehr** (*dèèr fer-kéér*) (la circulation, le trafic, la fréquentation), **mit jemandem verkehren** (*mit iéé-man-dem fer-kéé-ren*) (être en relations avec quelqu'un, fréquenter quelqu'un), **kehren** (*kéé-ren*) (balayer), **jemandem den Rücken kehren** (*iéé-man-dem déén ru-ken kéé-reen*) (tourner le dos à quelqu'un), **zurückkehren** (*tsou-ruk-kéé-ren*) (revenir), **die Rückkehr** (*dii ruk-kéér*) (le retour), **neue Besen kehren gut** (*noï-e béé-sen kéé-ren gouout*) (les nouveaux balais balayent bien = on travaille toujours bien au début).

L'arrivée à l'hôtel : nom, adresse, numéro de chambre

En arrivant à l'hôtel, vous vous adressez à **die Rezeption** (*dii ré-tsèp-tsi-ôôn*) (la réception). Voici comment faire savoir que vous avez fait une réservation :

Ich habe ein Zimmer reserviert. (*ich h'aa-be aïn tsi-mer ré-zèr-viirt*) (J'ai réservé une chambre.)

Et vous indiquez votre nom :

Mein Name ist ... (*maïn naa-me ist ...*) (Mon nom est ...)

Durée du séjour

Si vous n'avez pas encore réservé ou si la personne qui vous accueille veut vérifier la durée de votre séjour, la question suivante peut vous être posée :

Wie lange bleiben Sie? (*vii lan-gue blaï-ben zii*) (Combien de temps restez-vous ?)

Et vous pouvez répondre :

Ich bleibe/wir bleiben ... (*ich blaï-be/viir blaï-ben...*) (Je reste/nous restons ...)

en terminant la phrase par la durée appropriée :

- **...nur eine Nacht.** (*... nouour aï-ne naght*) (...seulement une nuit.)
- **...drei Tage.** (*...draï taa-gue*) (...trois jours.)
- **...eine Woche.** (*aï-ne vo-ghe*) (...une semaine.)

Formulaire d'enregistrement

Certains hôtels vous demanderont de remplir un formulaire, **das Formular** (*das for-mou-laar*), qui vous est remis par la réceptionniste avec les mots :

Bitte füllen Sie dieses Formular aus. (*bi-te fu-len zii dii-zes for-mou-laar aôs*) (Veuillez s'il vous plaît remplir ce formulaire.)

Voici les indications les plus couramment demandées :

- **Name/Vorname** (*naa-me/fôôr-naa-me*) (Nom/Prénom)
- **Straße/Nummer (Nr.)** (*shtaa-se/nou-mer*) (Rue/numéro)
- **Postleitzahl/Wohnort** (*post-laït-tsaal/vôôn-ort*) (Code postal/ville du domicile)
- **Geburtsdatum/Geburtsort** (*gue-bourts-daa-toum/gue-bourts-ort*) (Date de naissance/lieu de naissance)
- **Nationalität** (*na-tsi-ôô-na-li-tèèt*) (Nationalité)
- **Beruf** (*be-rououf*) (Profession)
- **Passnummer** (*pas-nou-mer*) (Numéro de passeport)
- **Kraftfahrzeugkennzeichen** (*kraft-faar-tsoïgk-kèn-tsaï-chen*) (Numéro d'immatriculation du véhicule)
- **Ort/Datum** (*ort/daa-toum*) (Lieu/date)
- **Unterschrift** (*oun-ter-shrift*) (Signature)

La clé et le numéro de chambre

Les formalités d'arrivée étant terminées, le ou la réceptionniste vous indique le numéro de la chambre :

Sie haben Zimmer Nummer 203. (*zii h'aa-ben tsi-mer nou-mer tsvaï-h'oun-dert-draï*) (Vous avez la chambre 203.)

Le numéro de chambre – **die Zimmernummer** (*dii tsi-mer-nou-mer*) – est pratiquement toujours inscrit sur la clé qu'il vous remet : **der Schlüssel** (*dèèr shlu-sel*) (la clé).

Dans certains hôtels, habituellement dans les villes de moindre importance, on peut vous demander de laisser votre clé à la réception au lieu de l'emporter avec vous quand vous sortez. Vous devez alors demander votre clé à votre retour, par l'une des phrases suivantes :

- **Können Sie mir bitte den Schlüssel für Zimmer ... geben?** (*keu-nen zii mir bi-te déén shlu-sel fuur tsi-mer ... guéé-ben*) (Pouvez-vous s'il vous plaît me donner la clé de la chambre ... ?)
- **Den Schlussel für Zimmer ... bitte.** (*déén shlu-sel fuur tsi-mer ... bi-te*) (La clé de la chambre ... s'il vous plaît.)

Das Gepäck (*das ge-pèk*) (les bagages)

L'allemand comporte un certain nombre de mots collectifs commençant par **ge-**. Quelques-uns d'entre eux ne peuvent se mettre au pluriel car, tout en restant au singulier, il ont un sens de pluriel : **das Gepäck** appartient à cette catégorie. **Das Gepäck** peut se composer de différents éléments, par exemple un ou plusieurs sacs de voyage [**die Reisetasche** (*dii raï-ze-ta-she*) (le sac de voyage)], une ou plusieurs valises [**der Koffer** (*dèèr ko-fer*) (la valise)].

Petit déjeuner à l'hôtel

La plupart des grands hôtels proposent un petit déjeuner [**das Frühstück** (*das fruu-shtuk*)] dans le style buffet comportant tout ce dont on peut avoir envie le matin. Les établissements plus modestes vous offrent un petit déjeuner comportant, outre les composants d'un petit déjeuner classique d'hôtel français, différents compléments listés à la section « Décryptage du menu » du chapitre 5.

Le confort et les divers services

La chambre peut être équipée de différents appareils comme la télévision et le téléphone ainsi que d'un minibar, et l'hôtel peut offrir différents services supplémentaires, par exemple prendre soin de votre linge personnel. Voici quelques questions pertinentes à poser en allemand.

La chambre

Débutez vos questions par les mots :

Hat das Zimmer ...? (*h'at das tsi-mer ...*) (La chambre a-t-elle ... ?)

et complétez-les par la mention des éléments qui vous intéressent :

- **...Kabelfernsehen?** (*...kaa-bel-fèrn-zéé-en*) (la télévision par câble ?)
- **...Satellitenfernsehen?** (*...za-tè-lii-ten-fèrn-zéé-en*) (la télévision par satellite ?)
- **...ein Telefon?** (*aïn té-lé-fôôn*) (un téléphone ?)
- **...eine Minibar?** (*aï-ne mi-ni-baar*) (un minibar ?)

Si vous voulez simplement vous reposer sans être dérangé(e), recherchez dans la chambre un écriteau comportant le message suivant, et accrochez-le au bouton de la porte à l'extérieur de la chambre :

Bitte nicht stören! (*bi-te nicht shteueu-ren*) (Merci de ne pas me déranger !)

L'hôtel

Tout hôtel met différents services à la disposition de ses clients. Le service = **der Dienst** (*dèèr diinst*). Vous en trouverez peut-être la liste sur une brochure de l'hôtel sous le titre :

Folgende Dienste stehen zu Ihrer Verfügung. (*folgen-de diin-ste shtéé-en tsou ii-rer fer-fuu-goung*) (Les services suivants sont à votre disposition.)

Vous pouvez aussi appeler **die Rezeption** (*dii ré-tsèp-tsi-ôôn*) (la réception) et dire :

Hat das Hotel ...? (*h'at das h'ôô-tèl...*) (L'hôtel a-t-il ... ?)

puis ajouter, selon le cas :

- **...eine Sauna?** (*aï-ne zaô-na*) (...un sauna ?)
- **...ein Schwimmbad?** (*aïn shvim-baat*) (...une piscine ?)
- **...einen Faxdienst?** (*aï-nen fax-diinst*) (...un service de fax ?)
- **...einen Wäschedienst?** (*aï-nen vè-she-diinst*) (...une lingerie ?)
- **...eine Klimaanlage?** (*aï-ne kli-ma-an-laa-ge*) (...une climatisation ?)
- **...eine Hotelgarage?** (*aï-ne h'ôô-tèl-ga-ra-je*) (...un garage dans l'hôtel ?)
- **...einen Parkplatz?** (*aï-nen park-plats*) (...un parking ?)

Et voici comment vous renseigner sur le petit déjeuner et le service dans la chambre :

- **Wann wird das Frühstück serviert?** (*van ist das fruu-shtuk zèr-viirt*) (Quand le petit déjeuner est-il servi ?)
- **Gibt es Zimmerservice?** (*gipt ès tsi-mer-ser-vis*) (Y a-t-il un service dans la chambre ?)

Enfin, vous pouvez demander si quelqu'un vous a laissé un message :

Hat jemand eine Nachricht für mich hinterlassen? (*h'at iéé-mant aï-ne nagh-richt fuur mich h'in-ter-la-sen*) (Quelqu'un a-t-il laissé un message pour moi ?)

Mots clés

bleiben	blaï-ben	rester
das Formular	das for-mou-laar	le formulaire
ausfüllen	aôs-fu-len	remplir
der Schlüssel	dèèr shlu-sel	la clé
Bitte nicht stören	bi-te nicht shteueu-ren	ne pas déranger svp
der Zimmerservice	dèèr tsi-mer-ser-vis	le service dans la chambre
der Parkplatz	dèèr park-plats	le parking

Affinités lexicales

der Parkplatz→	**der Park** (*dèèr park*) (le parc, le jardin public), **parken** (*par-ken*) (parquer), **der Platz** (*dèèr plats*) (la place).
Bitte nicht stören→	**stören** (*shteueu-ren*) (déranger), **die Störung** (*dii shteueu-roung*) (le dérangement), **zerstören** (*tsèr-shteueu-ren*) (détruire), **die Zerstörung** (*dii tsèr-shteueu-roung*) (la destruction), **verstören** (*fer-shteueu-ren*) (ébranler, troubler).

der Schlüssel→	**schließen** (_shlii-sen_) (fermer, conclure), **verschließen** (_fer-shlii-sen_) (enfermer, verrouiller), **der Schluß** (_dèèr shlouous_) (la fin, la terminaison, la conclusion), **die Schlußfolgerung** (_dii shlouous-fol-gue-roung_) (la conclusion [d'un raisonnement]), **anschließen** (_an-shlii-sen_) (annexer), **der Anschluß** (_dèèr an-shlouous_) (l'annexion), **beschließen** (_be-shlii-sen_) (décider), **der Beschluß** (_dèèr be-shlouous_) (la décision), **sich entschließen** (_zich ènt-shlii-sen_) (se décider).
ausfüllen→	**füllen** (_fu-len_) (remplir), **die Fülle** (_dii fu-le_) (la plénitude), **voll** (_fol_) (plein), **völlig** (_feu-lish_) (complètement), **vollkommen** (_fol-ko-men_) (complet, parfait), **die Vollkommenheit** (_dii fol-ko-men-h'aït_) (la perfection), **vervollkommnen** (_fer-fol-kom-nen_) (compléter).
das Formular→	**die Formel** (_dii for-mel_) (la formule), **die Form** (_dii form_) (la forme), **formen** (_for-men_) (former), **formell** (_for-mèl_) (formel, formellement).

Formalités de départ et règlement

Avant de partir, vous libérez la chambre et vous vous présentez à la réception pour payer. Vous devez naturellement libérer la chambre avant l'heure limite prévue. Pour connaître cette limite, vous pouvez poser la question :

Bis wann müssen wir das Zimmer räumen? (_bis van mu-sen viir das tsi-mer roï-men_) (À quelle heure devons-nous libérer la chambre ?)

Demander la note

L'expression habituelle pour dire que vous partez est le verbe **abreisen** (*ap-raï-zen*) (partir). Vous vous présentez donc à la réception et vous dites :

> **Ich reise ab. Wir reisen ab.** (*ich raï-ze ap/viir raï-zen ap*) (Je pars. Nous partons.)

Cette déclaration suffit en général à provoquer la préparation de votre note. Mais pour faire bien comprendre que vous voulez avoir cette note, vous pouvez dire :

> **Kann ich bitte die Rechnung haben?** (*kan ich bi-te dii rèch-noung h'aa-ben*) (Puis-je avoir la note s'il vous plaît ?)

Vous trouverez au chapitre 5 les précisions relatives aux factures, au paiement par carte de crédit et à l'obtention d'un reçu.

Les suppléments divers

Voici comment demander à combien se monte votre note de téléphone ou prévenir la réceptionniste de votre utilisation du minibar :

- **Können Sie mir sagen, wir hoch meine Telefonrechnung war?** (*keu-nen zii mir zaa-gen, vii h'ôôgh maï-ne té-lé-fôôn-rèch-noung var*) (Pouvez-vous me dire à combien se monte ma note de téléphone ?)
- **Ich habe ... aus der Minibar genommen.** (*ich h'aa-be ... aôs dèèr mi-ni-bar gue-no-men*) (J'ai pris ... dans le minibar.)

Le départ

Si vous libérez la chambre avant de poursuivre votre voyage, vous pouvez le plus souvent laisser vos bagages à l'hôtel pendant quelques heures. Voici comment demander ce service :

Können wir unser/kann ich mein Gepäck bis …Uhr hier lassen? (_keu_-nen viir _oun_-zer/kan ich maïn gue-_pèk_ bis …ouour h'iir _la_-sen) (Pouvons-nous laisser nos/puis-je laisser mes bagages jusqu'à … heures ?)

Pourboires à l'hôtel

Le service est généralement inclus dans le prix d'une chambre d'hôtel, mais il y a des circonstances où vous pouvez désirer laisser un pourboire – **das Trinkgeld** (_das trink_-gèlt) (le pourboire) – par exemple à la personne qui porte vos bagages dans la chambre. Un ou deux euros serait un montant approprié. Dans de rares occasions vous pouvez trouver une enveloppe dans laquelle vous pouvez laisser de l'argent pour le personnel qui assure le nettoyage des chambres. Selon l'hôtel et le service assuré, vous pourriez laisser 5 à 10 euros par semaine.

En revenant, la question suivante vous permet de récupérer vos bagages :

Können wir bitte unser/kann ich bitte mein Gepäck haben? (_keu_-nen viir _bi_-te _oun_-zer/kan ich _bi_-te maïn gue-_pèk_ _h'aa_-ben) (Pouvons-nous avoir nos/puis-je avoir mes bagages s'il vous plaît ?)

Et pour finir, vous avez peut-être besoin d'un taxi jusqu'à la gare ou l'aéroport. Vous pouvez demander à la réceptionniste de vous appeler un taxi :

Können Sie mir bitte ein Taxi bestellen? (_keu_-nen zii mir _bi_-te aïn _ta_-xi be-_shtè_-len) (Pouvez-vous s'il vous plaît me commander un taxi ?)

Avant d'appeler le taxi, la personne vous demandera où vous voulez aller :

Wo möchten Sie hin? (vôô _meueuch_-ten zii h'in) (Où voulez-vous aller ?)

Mots clés

abreisen	<u>ap</u>-raï-zen	partir/s'en aller
das Gepäck	das gue-<u>pèk</u>	les bagages
selbstverständlich	<u>zèlpst</u>-fer-shtènd-lich	naturellement/bien sûr
Gute Reise!	<u>gouou</u>-te <u>raï</u>-ze	Bon voyage !

Affinités lexicales

selbstverständlich→ **selbstsüchtig** (<u>zèlpst</u>-zuch-tigk) (égoïste), **selbständig** (<u>zèlpst</u>-shtèn-digk) (indépendant), **die Selbständigkeit** (dii <u>zèlp</u>-shtèn-dich-kaït) (l'indépendance), **der Selbstmord** (dèèr <u>zèlpst</u>-mort) (le suicide), **das Selbstbestimmungsrecht** (das <u>zèlpst</u>-be-shti-moungs-recht) (le droit à l'autodétermination), **verstehen** (fer-<u>shtéé</u>-en) (comprendre), **der Verstand** (dèèr fer-shtant) (la raison/la compréhension), **der Stand** (dèèr shtant) (l'état, la position, le stand...), **der Aufstand** (dèèr <u>aôf</u>-shtant) (le soulèvement, la rébellion), **aufstehen** (<u>aôf</u>-shtéé-en) (se lever), **der Zustand** (dèèr <u>tsou</u>-shtant) (l'état [des choses, d'un malade, d'une situation]), **der Anstand** (dèèr <u>an</u>-shtant) (la bienséance).

Chapitre 10
En cas d'urgence

Dans ce chapitre
▶ Demander de l'aide
▶ Aller chez le médecin ou à l'hôpital
▶ Parler avec la police

Le vocabulaire allemand de ce chapitre n'est pas d'utilisation fréquente, et peut-être ne vous servira-t-il jamais. Mais si les circonstances font que vous en avez besoin un jour, il peut vous rendre d'immenses services.

Les accidents et les urgences

Si vous êtes d'un naturel anxieux, et s'il vous arrive quelque accident ou si vous êtes victime ou témoin d'un délit, vous aurez d'autant plus besoin de savoir décrire ce qui se passe dans la langue de ceux qui vous entourent.

Appeler au secours

Voici quelques expressions qu'il vaut mieux connaître à l'avance, car vous n'aurez pas le temps d'aller les chercher dans un guide de conversation ou un dictionnaire :

✔ **Hilfe!** (*h'il-fe*) (Au secours !)
✔ **Rufen Sie die Polizei!** (*rouou-fen zii dii po-li-tsaï*) (Appelez la police !)

- **Rufen Sie einen Krankenwagen!** (*rouou-fen zii aï-nen kran-ken-vaa-guen*) (Appelez une ambulance !)
- **Rufen Sie die Feuerwehr!** (*rouou-fen zii dii foï-er-véér*) (Appelez les pompiers !)
- **Holen Sie einen Arzt!** (*hôô-len zii aï-nen artst*) (Allez chercher un médecin !)
- **Feuer!** (*foï-er*) (Au feu !)

Signaler un problème

Voici le vocabulaire adapté à la description d'une situation d'urgence dont vous pouvez être le témoin ou la victime :

- **Ich möchte einen Unfall melden.** (*ich meuch-te aï-nen oun-fal mèl-den*) (Je voudrais signaler un accident.)
- **Ich möchte einen Unfall auf der Autobahn melden.** (*ich meuch-te aï-nen oun-fal aôf dèèr aô-tô-baan mèl-den*) (Je voudrais signaler un accident sur l'autoroute.)
- **Ich bin verletzt.** (*ich bin fer-lètst*) (Je suis blessé.)
- **Es gibt Verletzte.** (*ès gipt fer-lèts-te*) (Il y a des blessés.)

Et voici deux phrases utiles à connaître en cas de vol :

- **Ich möchte einen Diebstahl/Raubüberfall melden.** (*ich meuch-te aï-nen diip-shtaal/raôp-uu-ber-fal mèl-den*) (Je voudrais signaler un vol/hold-up.)
- **Haltet den Dieb!** (*h'al-tet déén diip*) (Au voleur !)

Demander de l'aide dans une autre langue

Si vous n'arrivez pas à vous faire comprendre, n'hésitez pas à essayer une autre langue que l'allemand :

Spricht hier jemand Französisch? (*shpricht h'iir iéé-mant fran-tseueu-zish*) (Quelqu'un parle-t-il français ici ?)

Mots clés

Hilfe!	h'il-fe	Au secours !
Rufen Sie die Polizei!	rouou-fen zii dii po-li-tsaï	Appelez la police !
Feuer!	foï-er	Au feu !

Affinités lexicales

Feuer!→	**die Feuerwehr** (*dii foï-er-véér*) (les pompiers), **der Feuerwehrmann** (*dèèr foï-er-véér-man*) (le pompier), **das Feuerwerk** (*das foï-er-vèrk*) (le feu d'artifice), **das Feuerzeug** (*das foï-er-tsoïgk*) (le briquet).
Hilfe!→	**Jemandem helfen** (*iéé-man-dem h'èl-fen*) (aider quelqu'un), **hilflos** (*h'ilf-lôôs*) (désemparé), **die Hilflosigkeit** (*dii h'ilf-lôô-zich-kaït*) (le dénuement, le désespoir), **hilfreich** (*h'ilf-raïch*) (secourable).

Le médecin ou l'hôpital

Vous trouverez dans cette section le vocabulaire indispensable en cas de maladie ou d'accident.

- **der Arzt/die Ärztin** (*dèèr artst/dii èrts-tin*) (le médecin/la praticienne)
- **der Doktor** (*dèèr dok-tôôr*) (le docteur)
- **das Krankenhaus** (*das kran-ken-h'aôs*) (l'hôpital)
- **die Notaufnahme** (*dii nôôt-aôf-naa-me*) (les urgences)
- **die Arztpraxis** (*dii artst-pra-xis*) (le cabinet médical)

Voici comment demander l'aide d'un médecin ou vous renseigner sur le cabinet médical ou l'hôpital le plus proche :

- **Ich brauche einen Arzt.** (*ich braô-ghe aï-nen artst*) (J'ai besoin d'un médecin.)

- **Wo ist die nächste Arztpraxis?** (*vôô ist dii nèèk-ste artst-pra-xis*) (Où est le cabinet médical le plus proche ?)
- **Wo ist das nächste Krankenhaus?** (*vôô ist das nèèk-ste kran-ken-h'aôs*) (Où est l'hôpital le plus proche ?)

Appels d'urgence

Voici les numéros d'appel d'urgence à inscrire sur votre agenda de poche en cas de voyage dans l'un des trois pays de langue allemande :

- **Polizei** (*po-li-tsaï*) (police) : 110 (Allemagne) ; 133 (Autriche) ; 117 (Suisse).
- **Feuerwehr** (*foï-er-véér*) (pompiers) : 112 (Allemagne) ; 122 (Autriche) ; 118 (Suisse).

Vous trouverez ces numéros sur la première page de l'annuaire téléphonique.

Grâce aux téléphones portables, il est désormais beaucoup plus facile de demander de l'aide ou de signaler un accident. Cependant, le réseau autoroutier allemand est équipé depuis longtemps pour permettre de donner l'alarme en cas d'accident. Les automobilistes disposent de bornes d'appel situées à intervalles réguliers sur les bandes d'arrêt d'urgence : **die Notrufsäule** (*dii nôôt-rououf-zoï-le*) (la borne d'appel d'urgence). Des signes vous indiquent en outre à quelle distance se trouve la borne d'appel la plus proche.

Décrire ce qui ne va pas

Voici maintenant les mots pour décrire les raisons d'une visite à l'hôpital ou chez le médecin :

- **Ich fühle mich nicht wohl.** (*ich fuu-le mich nicht vôôl*) (Je ne me sens pas bien.)
- **Ich bin krank.** (*ich bin krank*) (Je suis malade.)
- **Ich habe Fieber.** (*ich h'aa-be fii-ber*) (J'ai de la fièvre.)

- **Mir tut der Hals/Bauch/Rücken weh.** (*mir touout dèèr h'als/baôgh/ru-ken véé*) (J'ai mal à la gorge/au ventre/au dos.)
- **Ich habe Schmerzen im Arm/Bauch.** (*ich h'aa-be shmèr-tsen im arm/baôgh*) (J'ai des douleurs dans le bras/le ventre.)
- **Ich habe (starke) Bauchschmerzen/Kopfschmerzen/Zahnschmerzen.** (*ich h'aa-be shtar-ke baôgh-shmèr-tsen/kopf-shmèr-tsen/tsaan-shmèr-tsen*) (J'ai [très] mal au ventre/à la tête/aux dents.)
- **Ich habe Halsschmerzen/Rückenschmerzen.** (*ich h'aa-be h'als-shmèr-tsen/ru-ken-shmèr-tsen*) (J'ai mal à la gorge/au dos.)

Décrire une situation médicale particulière

Les médecins et le personnel médical interrogent toujours un nouveau patient sur sa situation médicale avant tout examen et toute intervention. Un malentendu à ce niveau pouvant avoir de graves conséquences, vous avez intérêt à bien connaître les termes éventuellement applicables à votre cas.

Vous pouvez commencer la phrase correspondante par :

Ich bin ... (*ich bin...*) (Je suis ...)

et compléter par :

- **allergisch gegen...** (*a-lèr-gish guéé-guen*) (allergique à ...)
- **behindert** (*be-h'in-dert*) (handicapé)
- **schwanger** (*schvan-guer*) (enceinte)
- **Diabetiker** (*dia-béé-ti-ker*) (diabétique)
- **Epileptiker** (*éé-pi-lèp-ti-ker*) (épileptique)

D'autres situations se décrivent en commençant par le verbe avoir :

Ich habe... (*ich h'aa-be*) (J'ai..)

et en continuant pas l'indication de ce que vous avez :

- **ein Herzleiden** (*aïn hèrts-laï-den*) (une maladie de cœur)
- **zu hohen/niedrigen Blutdruck** (*tsou h'ôô-en blouout-drouk*) (une tension trop élevée/basse)

L'examen par le médecin

Voici quelques-unes des questions que le médecin peut poser à l'occation de votre examen :

- **Was haben Sie für Beschwerden?** (*vas haa-ben zii fuur be-shvéér-den*) (De quoi souffrez-vous ?)
- **Haben Sie Schmerzen?** (*h'aa-ben zii shmèr-tsen*) (Avez-vous mal ?)
- **Wo tut es weh?** (*vôô touout ès véé*) (Où avez-vous mal ?)
- **Tut es hier weh?** (*touout ès h'iir véé*) (Cela fait-il mal ici ?)
- **Wie lange fühlen Sie sich schon so?** (*vii lan-gue fuu-len zii zich shôôn zôô*) (Depuis combien de temps vous sentez-vous ainsi ?)
- **Sind Sie gegen irgendetwas allergisch?** (*zint zii guéé-gent ir-gent-èt-vas a-lèr-gish*) (Êtes-vous allergique à quelque chose ?)

Le médecin peut aussi vous donner certaines instructions au cours de l'examen :

- **Bitte streifen Sie den Ärmel hoch.** (*bi-te shtraï-fen zii déén èr-mel h'ôôgh*) (Remontez s'il vous plaît votre manche.)
- **Bitte machen Sie den Oberkörper frei.** (*bi-te ma-ghen zii déén ôô-ber-keur-per fraï*) (S'il vous plaît enlevez tous les vêtements du haut du corps.)
- **Bitte legen Sie sich hin.** (*bi-te léé-guen zii zich h'in*) (Allongez-vous s'il vous plaît.)
- **Machen Sie bitte den Mund auf.** (*ma-ghen zii bi-te déén mount aôf*) (Ouvrez la bouche s'il vous plaît.)

- **Atmen Sie bitte tief durch.** (*at-men zii bi-te tiif dourch*) (Respirez s'il vous plaît profondément.)
- **Husten Sie bitte.** (*h'ous-ten zii bi-te*) (Toussez s'il vous plaît.)

Différentes parties du corps

Voici un choix de réponses à la question **Wo tut es weh?** (*vôô touout ès véé*) (Où avez-vous mal ?)

- **der Arm** (*dèèr arm*) (le bras)
- **das Auge** (*das aô-gue*) (l'oeil)
- **der Bauch** (*dèèr baôgh*) (le ventre)
- **das Bein** (*das baïn*) (la jambe)
- **die Brust** (*dii broust*) (la poitrine)
- **der Daumen** (*dèèr daô-men*) (le pouce)
- **der Finger** (*dèèr fin-guer*) (le doigt)
- **der Fuß** (*dèèr fouous*) (le pied)
- **das Gesicht** (*das gue-zicht*) (le visage)
- **das Haar** (*das h'aar*) (le cheveux/les cheveux/le poil/les poils)
- **der Hals** (*dèèr h'als*) (le cou/la gorge)
- **die Hand** (*dii h'ant*) (la main)
- **das Herz** (*das h'èrts*) (le cœur)
- **der Kiefer** (*dèèr kii-fer*) (la mâchoire)
- **das Knie** (*das knii*) (le genou)
- **der Kopf** (*dèèr kopf*) (la tête)
- **das Fußgelenk** (*das fouous-gue-lènk*) (la cheville)
- **der Fußknöchel** (*dèèr fouous-kneueu-chel*) (la malléole)
- **die Lippe** (*dii li-pe*) (la lèvre)
- **der Magen** (*dèèr maa-guen*) (l'estomac)
- **der Mund** (*dèèr mount*) (la bouche)
- **der Muskel** (*dèèr mous-kel*) (le muscle)
- **die Nase** (*dii naa-ze*) (le nez)
- **das Ohr** (*das ôôr*) (l'oreille)

- der Rücken (*dèèr ru-ken*) (le dos)
- die Schulter (*dii shoul-ter*) (l'épaule)
- der Zeh (*dèèr tséé*) (l'orteil)
- die Zunge (*dii tsoun-gue*) (la langue)

Le diagnostic

Voici quelques-unes des expressions utilisées pour formuler un diagnostic :

- **Die Diagnose** (*dii di-ag-nôô-ze*) (le diagnostic)
- **Sie haben...** (*zii h'aa-ben...*) (Vous avez...)
- **Eine Erkältung** (*aï-ne èr-kèl-toung*) (un rhume)
- **Eine Grippe** (*aï-ne gri-pe*) (une grippe)
- **Eine Entzündung** (*aï-ne ènt-sun-doung*) (une inflammation)
- Eine **Blinddarmentzündung/Lungenentzündung/Mandelentzündung** (*blint-darm-ènt-tsun-doung / loun-guen-ènt-sun-doung/man-del-ènt-sun-doung*) (Une appendicite/pneumonie/amygdalite)
- **Wir müssen eine Röntgenaufnahme machen.** (*viir mu-sen aï-ne reueun-tguen-aôf-naa-me ma-ghen*) (Nous devons faire une radiographie.)
- **Ihr Fußgelenk ist gebrochen/verstaucht/verrenkt.** (*iir fouous-gue-lènk ist gue-bro-ghen/fer-shtaôght/fer-rènkt*) (Votre cheville est cassée/a une entorse/est déboîtée.)

Affinités lexicales

Haben Sie Schmerzen?→	**schmerzlos** (*shmèrts-lôôs*) (indolore), **schmerzhaft** (*shmèrts-h'aft*) (douloureux).
Wo tut es weh?→	**die Wehmut** (*dii véé-mouout*) (la mélancolie), **wehen** (*véé-en*) (souffler [se dit du vent] flotter [se dit d'un drapeau])

Ich bin krank→   **die Krankheit** (*dii krank-h'aït*) (la maladie) **erkranken** (*èr-kran-ken*) (tomber malade), **gesund** (*gue-zount*) (en bonne santé), **die Gesundheit** (*dii gue-zount-haït*) (la santé), **genesen** (*gue-néé-zen*) (se remettre [d'une maladie], **die Genesung** (*dii gue-néé-zoung*) (la convalescence), **der Patient** (*dèèr pa-tsi-ènt*) (le patient), **kränklich** (*krènk-lich*) (maladif), **kränken** (*krèn-ken*) (vexer), **das Heil** (*das h'aïl*) (le salut), **heilen** (*h'aï-len*) (guérir [un malade]), **heilig** (*h'aï-ligk*) (sacré).

Mots clés

Ich brauche einen Arzt	ich braô-ghe aï-nen artst	J'ai besoin d'un médecin.
Ich bin krank	ich bin krank	Je suis malade.
Wo tut es weh?	vôô touout ès véé	Où cela fait-il mal ?
Haben Sie Schmerzen?	h'aa-ben zii shmèr-tsen	Avez-vous des douleurs ?

Le traitement

Avant de prescrire un traitement, le médecin pose le plus souvent la question :

Nehmen Sie noch andere Medikamente? (*néé-men zii nogh an-de-re mé-di-ka-mèn-te*) (Prenez vous d'autres médicaments ?)

Et voici ce qu'il pourrait vous prescrire :

> ✔ **Ich gebe Ihnen .../Ich verschreibe Ihnen...** (*ich guéé-be ii-nen.../ich fer-shraï-be ii-nen...*) (Je vous donne.../Je vous prescrit...)

- **ein Schmerzmittel** (*aïn shmèrts-mi-tel*) (un calmant de la douleur)
- **Antibiotika** (*an-tii-biôô-ti-ka*) (des antibiotiques)
- **Tabletten** (*ta-blè-ten*) (des comprimés)
- **das Medikament** (*das mé-di-ka-mènt*) (le médicament)

Le docteur vous remet alors **das Rezept** (*das re-tsèpt*) (l'ordonnance) que vous porterez dans une pharmacie, appelée **die Apotheke** (*a-pô-téé-ke*) (la pharmacie) pour y acheter vos **Medikamente** (*mé-di-ka-mèn-te*).

Voici les expressions usuelles relatives à la prise des médicaments :

- **Bitte, nehmen Sie ... Tabletten/Teelöffel...** (*bi-te néé-men zii ... ta-blè-ten/téé-leu-fel...*) (Veuillez prendre ... comprimés/cuillerées à dessert de ...)
- **Dreimal am Tag/täglich** (*draï-mal am taagk/tèèg-lich*) (Trois fois par jour/chaque jour)
- **Alle ... Stunden** (*a-le ... shtoun-den*) (Toutes les ... heures)
- **Vor/nach dem Essen** (*fôôr/nagh déém è-sen*) (avant/après les repas)

Et pour finir, si le médecin souhaite vous voir de nouveau, il dira :

Kommen Sie in ... Tagen/einer Woche wieder. (*ko-men zii in ... taa-gue/aï-ner vo-ghe vii-der*) (Revenez dans ... jours/une semaine.)

Parler avec la police

Vous venez de découvrir que votre chambre d'hôtel a été cambriolée. Voici quelques expressions appropriées :

- **Wo ist die nächste Polizeiwache?** (*vôô ist dii nèèk-ste po-li-tsaï-va-ghe*) (Où se trouve le plus proche commissariat de police ?)
- **Ich möchte einen Diebstahl melden.** (*ich meuch-te aï-nen diip-shtaal mèl-den*) (Je voudrais signaler un vol.)

Décrire ce qui a été volé

Vous pouvez commencer votre déclaration ainsi

Man hat mir... gestohlen. (*man h'at mir ... gue-shtôô-len*) (On m'a volé ...)

et la compléter par la mention de ce qui a disparu :

- **meine Brieftasche/mein Portemonnaie** (*maï-ne briif-ta-she/maïn port-mo-nèè*) (mon portefeuille/porte-monnaie)
- **meine Tasche** (*maï-ne ta-she*) (mon sac)
- **mein Geld** (*maïn guèlt*) (mon argent)
- **meinen Pass** (*maï-nen pas*) (mon passeport)
- **mein Auto** (*maïn aô-tô*) (ma voiture)

Pour indiquer que quelqu'un est entré par effraction dans votre maison ou votre bureau, vous utilisez le verbe **einbrechen** (*aïn-brè-chen*) (entrer par effraction) :

Man hat bei mir eingebrochen. (*man h'at baï mir aïn-gue-bro-ghen*) (On est entré chez moi par effraction.)

S'il s'agit de votre voiture, vous utilisez un verbe un peu différent, **aufbrechen** (*aôf-brè-chen*) (ouvrir par effraction) :

Man hat mein Auto aufgebrochen. (*man h'at maïn aô-tô aôf-gue-bro-ghen*) (On a fracturé ma voiture.)

Le pronom indéfini **man**, équivalent du français « on » s'emploie exactement dans les mêmes contextes, par exemple :

- **Man hat seine Tasche gestohlen.** (*man h'at zaï-ne ta-she gue-shtôô-len*) (On a volé son sac [possesseur masculin].)
- **Man hat ihre Tasche gestohlen.** (*man h'at ii-re ta-she gue-shtôô-len*) (On a volé son sac [possesseur féminin].)

Répondre aux questions de la police

Si vous avez aperçu l'auteur du délit, vous aurez besoin du vocabulaire permettant de décrire une personne. La police vous demandera :

Können Sie die Person beschreiben? (_keu-nen zii dii per-zôôn be-shraï-ben_) (Pouvez-vous décrire la personne ?)

Vous pouvez amorcer votre réponse ainsi :

Die Person hatte... (_dii per-zôôn h'a-te_) (La personne avait...)

et la compléter par l'un des mots suivants (ou plusieurs reliés par **und**) :

- **blonde/schwarze/rote/graue Haare** (_blon-de/shvar-tse/rôô-te/graô-e h'aa-re_) (des cheveux blonds/noir/roux/gris)
- **einen Bart/keinen Bart** (_aï-nen bart/kaï-nen bart_) (une barbe/pas de barbe)
- **eine Glatze** (_aï-ne glat-se_) (il était chauve)
- **eine Brille** (_aï-ne bri-le_) (des lunettes)

Ou vous pouvez commencer par dire **Die Person war...** (_dii per-zôôn vaar..._) (La personne était...) et compléter par l'une des expressions suivantes :

- **groß/klein** (_grôôs/klaïn_) (grande/petite)
- **ungefähr ... Meter ... groß** (_oun-gue-fèèr ... méé-ter grôôs_) (environ d'une taille de ... mètres)
- **ungefähr ... Jahre alt.** (_oun-gue-fèèr ... iaa-re alt_) (âgée d'environ ... ans)

La police peut aussi vous demander d'autres précisions :

- **Wann ist das passiert?** (_van ist das pa-siirt_) (Quand cela s'est-il passé ?)
- **Wo waren Sie in dem Moment?** (_vôô vaa-ren zii in déém mô-mènt_) (Où étiez-vous à ce moment-là ?)

La protection de vos droits

Et si vous deviez avoir vous-même affaire à la police, quels qu'en soient les circonstances ou les motifs, voici deux phrases dont la connaissance vous sera très utile :

- ✔ **Ich brauche einen Anwalt.** (*ich braô-che aï-nen an-valt*) (J'ai besoin d'un avocat.)
- ✔ **Ich möchte das Konsulat anrufen.** (*ich meuch-te das kon-sou-laat an-rouou-fen*) (Je voudrais appeler le consulat.)

Index alphabétique

A
Accent tonique, 25
Accusatif, 52
Achats, 131
Addition, 124
Adjectif, 37
Adverbe, 41
Aéroport, 189
Aliments, 127
Animal, 183
Année, 73
Argent, 74
Article, 99
Article défini, 56
Article indéfini, 55
Assistance, 136
Au revoir, 92

B
Billet, 200
Boisson, 120
Bonjour, 94

C
Calendrier, 68
Campagne, 186
Carte, 197
Carte bancaire, 74, 125
Carte de visite, 98
Chambre, 208
Cinéma, 146
Commande, 121
Consonne, 29
Consonnes (combinaison de), 33
Coordonnées, 97
Corps, 229
Couleurs, 139

D
Date, 68, 71, 209
Datif, 52
Déclinaison, 52
Déjeuner, 118
Déplacement, 189
Devise, 74
Diphtongue, 28
Douane, 194
Durée, 209

E
Enregistrement, 190, 214
Essayage, 140
Examen médical, 228
Excuses, 134

F
Facture, 142
Famille, 103
Faux amis, 21
Formalités, 219
Futur, 50

G
Génitif, 52

H
Heure, 63
Hôpital, 225
Horaires, 132
Hôtel, 207

I
Idiomes, 23
Immigration, 193
Impératif, 78
Imperfekt, 49
Informations, 199
Invitation, 171

J
Jour, 66, 72
Journée (moment de la), 66

L
Location, 195
Loisirs, 173

M
Magasin, 132
Maladie, 227
Médecin, 225
Mer, 187
Mesures, 129
Météo, 105
Minute, 65
Mois, 69
Montagne, 185
Mot frère, 12
Mots (ordre des), 42
Mots cousins, 14
Musée, 151

N
Nationalité, 90
Nature, 183
Nom composé, 100
Nom féminin, 100
Nom masculin, 99
Nom neutre, 100
Nom, 36, 99
Nombre, 61
Nominatif, 51
Note, 220

O
Objet direct, 52
Objet indirect, 52
Opinion, 169
Orthographe, 25

P
Panneau indicateur, 197
Parenté, 103
Participe passé, 48, 154
Particule, 203
Passé, 47, 152
Perfekt, 47
Petit déjeuner, 117, 216
Phrase, 42
Poids, 129
Police, 232
Possession, 52
Pourboire, 125, 221
Présent, 46
Présentations, 84
Profession, 95
Pronom personnel, 54
Pronom possessif, 56, 101
Prononciation, 24

Q
Question, 45

R
Repas, 111
Réservation, 114, 211
Restaurant, 113
S'il vous plaît, 134
Salutations, 79
Soirée, 171
Spectacle, 169
Sport, 179
Subjonctif, 121

T
Taille, 140
Taxi, 206
Téléphone, 97
Température, 106
Temps, 45
Train, 198
Traitement médical, 231
Transport, 189
Transports en commun, 204
Tutoiement, 80

U
Umlaut, 28
Urgence, 223

V
Vaisselle, 111
Verbe, 39, 42
Verbe en ieren, 156
Verbe faible, 154
Verbe fort, 155
Verbe réfléchi, 174
Vêtements, 138
Ville, 88, 204
Voiture, 195
Vol, 233

Vouvoiement, 80
Voyelle, 26

ß, 31

Apprenez les langues avec les Nuls

Code : 389802
ISBN : 978-2-87691-973-0
Prix : 22, 90 €

Code : 390188
ISBN : 978-2-7540-0039-0
Prix : 22, 90 €

Apprenez les langues avec les Nuls

Code : 390189
ISBN : 978-2-7540-0038-3
Prix : 22, 90 €

Code : 389800
ISBN : 978-2-87691-974-7
Prix : 22, 90 €

Apprenez les langues avec les Nuls

Code : 389549
ISBN : 978-2-7540-0212-7
Prix : 22, 90 €

Apprendre le chinois, c'est simple !

Le chinois POUR LES NULS

1 livre + 1 CD audio = la méthode des Nuls pour débuter en chinois !

À mettre entre toutes les mains !

Wendy Abraham
Joël Bellassen (INALCO)
Wenhong Yu

Code : 389327
ISBN : 978-2-7540-0312-4
Prix : 22, 90 €

Apprendre l'arabe, c'est simple !

L'arabe POUR LES NULS

1 livre + 1 CD audio = la méthode des Nuls pour débuter en arabe !

À mettre entre toutes les mains !

Amine Bouchentouf
Sylvie Chraïbi
Aboubakr Chraïbi (INALCO)

Inclus : un CD audio de dialogues offert

Apprenez les langues avec les Nuls

Code : 389326
ISBN : 978-2-7540-0313-1
Prix : 22, 90 €

Des guides de conversation à mettre dans toutes les poches !

Apprenez les langues avec les Nuls

Code : 389304
ISBN : 978-2-7540-0177-9
Prix : 5, 90 €

Partout avec vous, votre guide de conversation !

L'anglais POUR LES NULS

À mettre dans toutes les poches !

- Vite et bien, tous les mots qu'il vous faut
- Prononciation, l'anglais tel qu'on le parle
- Les expressions qui font tilt dans toutes les situations

Gail Brenner
Claude Raimond

Code : 389303
ISBN : 978-2-7540-0178-6
Prix : 5, 90 €

Partout avec vous, votre guide de conversation !

L'espagnol POUR LES NULS

À mettre dans toutes les poches !

- Vite et bien, tous les mots qu'il vous faut
- Prononciation, l'espagnol tel qu'on le parle
- Les expressions qui font tilt dans toutes les situations

Suzanna Wald
Anne-Carole Grillot